A Dança e o Agit-prop

Coleção Estudos
Dirigida por J. Guinsburg

Equipe de realização – Tradução: Matteo Bonfitto, Michele Schiocchet e Yedda Chaves Ribera (*in memoriam*); Revisão da tradução: Adriana Aikawa; Edição de texto: Évia Yasumaro; Revisão: Thiago Lins; Sobrecapa: Sergio Kon; Produção textual: Luiz Henrique Soares, Elen Durando e Mariana Munhoz; Produção: Ricardo W. Neves, Raquel Fernandes Abranches e Sergio Kon

Eugenia Casini Ropa

A DANÇA E O AGIT-PROP
OS TEATROS NÃO TEATRAIS NA CULTURA ALEMÃ DO INÍCIO DO SÉCULO XX

PERSPECTIVA

Título do original italiano
La danza e l'agitprop: I teatri non-teatrali nella cutura tedesca del primo Novecento

© 1988 by Societá editrice il mulino, Bologna

CIP-Brasil. Catalogação na Fonte
Sindicato Nacional dos Editores de Livros, RJ

R688

    Ropa, Eugenia Casini
    A dança e o agit-prop : os teatros não teatrais na cultura alemã do início do século XX / Eugenia Casini Ropa ; tradução Matteo Bonfitto, Michele Schiocchet, Yedda Chaves. – 1. ed. – São Paulo : Perspectiva, 2014.
    224 p. : il. ; 23 cm.   (Estudos ; 329)

    Tradução de: La danza e l'agitprop: i teatri-non-teatali nella cultura tedescadel primo novecento
    Inclui índice
    ISBN 978-85-27-1023-9

    1. Dança – Alemanha. 2. Cultura – Europa. I. Título. II.

Série. 14-17773   CDD: 305
                                                                         CDU: 316

13/11/2014   13/11/2014

Direitos reservados em língua portuguesa à
EDITORA PERSPECTIVA

Av. Brigadeiro Luís Antônio, 3025
01401-000 São Paulo SP Brasil
Telefax: (011) 3885-8388
www.editoraperspectiva.com.br

2014

Sumário

Premissa IX

1. TRÊS CASOS 1
   Madeleine G. 1
   Monte Verità 15
   Friedrich Wolf e Béla Balázs 27
2. *KÖRPERSEELE*: O CORPO-ALMA 41
   Nota Sobre François Delsarte 95
3. A ARMA DO TEATRO 111
4. A DANÇA E O AGIT-PROP. IMAGENS
   E REFLEXÕES DOS TEATROS NÃO TEATRAIS . .159
   Despertar o Artista que Existe em Nós 159
   A Arte do Corpo Entre Liberdade e Disciplina 170
   Um Teatro que Queria Mudar o Mundo 187

Nota Bibliográfica (2013) 199
Índice Onomástico 203

Premissa

Uma das palavras de ordem mais eficazes e persistentes do teatro do século xx foi certamente "reteatralização". E à luz desse termo nasceram – e foram sobretudo explicadas e teorizadas em seguida – as reflexões e as experimentações que caracterizaram e traçaram os rumos do teatro do início do século xx.

Em uma época de corrosão e desagregação das linguagens expressivas, que coloca em discussão tanto os seus modos de articulação quanto os seus sistemas de pertinência, também o teatro, já não conseguindo reconhecer a si mesmo, é levado, para reencontrar-se, a reidentificar os elementos primários da própria existência. A inquietude dos reteatralizadores os guia, porém, a níveis diversos de introspecção e de pesquisa, que espelham substancialmente os diferentes interesses ideológicos pelos componentes fundamentais da comunicação teatral – espetáculo, ator e público – e, portanto, necessidades diversas de requalificação.

O nível mais diretamente perceptível está relacionado à necessidade de regenerar artisticamente o espetáculo, restituindo ao teatro convenções mais específicas, modos mais pertinentes de organização da linguagem, códigos expressivos peculiares e inequívocos. Daqui partiram as revoluções estilísticas de muitas das vanguardas, assim como as experimentações feitas pelos diretores, banhadas de "novo" e de "clássico". Há uma tendência a remodelar a linguagem teatral como uma entidade componível, cujo equilíbrio semântico e estético se baseia na combinação de módulos expressivos privilegiados (às vezes extrapolados de outras linguagens, às vezes tradicionais, mas recompostos segundo uma nova sintaxe), que correspondem a um critério uniformizante específico. Nesse nível essencialmente formal de pesquisa – o mais difundido, duradouro e produtivo, em termos de espetáculo – concentrou-se frequentemente o empenho dos reformadores de então e dos estudiosos de hoje.

Mas outros foram além: interessados mais na substância do que na forma, não se limitando à manifestação organizada da linguagem, ou seja, ao "teatro", foram levados a buscar a sua matriz originária, aquela "teatralidade" da qual o teatro é um epifenômeno. "Reteatralizar" adquire assim o significado de "refundar", reimplantar o edifício teatro a partir das fundações e no terreno adequado, ao invés de reestruturá-lo segundo critérios mais modernos de organização, beleza e idoneidade. O projeto do teatro do futuro se configura nesse caso como um retorno às origens, cuja atuação prevê a refundação daquele contexto relacional através do qual o teatro deverá renascer. Com essas premissas, a pesquisa sobre a essência fundadora do teatro não pode senão desenvolver-se em um nível de preexistência, penetrando em territórios onde o teatro ainda não tomou forma, territórios que não são *mais* teatrais porque não o são *ainda*. Somente aqui é possível reconhecer os elementos que concorrem à sua formação (ideias, situações, necessidades, experiências), para descobrir – antes de se perguntar *como* o teatro pode ser feito – *para quem* e *para que* pode servir. No centro desse processo estão os homens, atores e público futuros, o que faz com que a pesquisa não seja somente estética, mas se torne necessariamente ética.

É esse o percurso especulativo dos grandes mestres, os Pais Fundadores do teatro do século xx, e é também a tensão projetual que dá forma a algumas experiências menos estudadas, mas radicais, que à primeira vista parecem distanciar-se do território teatral e confundir-se com âmbitos e funções diversas da cultura e da sociedade: com o ritual, a pedagogia, o esporte, a religião, o associacionismo, a comunicação, a política. A Alemanha do início do século XX, com a sua excepcional variedade de propostas, nos oferece a oportunidade de escolher, como sujeitos privilegiados de pesquisa, os dois fenômenos que revelam mais radicalmente as próprias exigências de refundação: o nascimento de um teatro-dança, que surge da revalorização pedagógica do corpo humano e de suas potencialidades expressivas, e o nascimento de um teatro-comunicação, fundado na consolidação do sentimento coletivo de uma classe em luta. Mais do que pela área geográfica e cultural, a nova dança alemã e o teatro operário de agit--prop podem ser aproximados, num díptico só aparentemente desconcertante, em função da busca de elementos primários essenciais que os caracterizam e os conduzem a territórios extrateatrais.

Sendo assim, a necessidade de "originariedade" nas modalidades dinâmicas e expressivas do corpo leva os pesquisadores a retroceder em direção ao âmbito primário da ritualidade dos cultos, no qual é possível reconhecer o mais potente impulso gerador da expressão rítmica corporal. E a exigência de identificar e reativar as energias e as mecânicas "naturais" que guiam a relação expressiva corpo-alma-intelecto os leva aos territórios da filosofia, da psicologia e da pedagogia. Nessa perspectiva, o ritual, frequentemente considerado pelos críticos como o objetivo final da nova dança, é, ao contrário, o seu território de partida (assim como os terrenos teóricos e experimentais da filosofia, psicologia e pedagogia): ou seja, existe *antes* do teatro, que nele encontra uma motivação fundadora.

E assim, o teatro de agit-prop não se desloca para o território da política, mas tem origem em um âmbito caracterizado e tornado homogêneo pela fé política, absorvendo-a em suas raízes e realizando as suas específicas necessidades expressivo-comunicativas.

A partir da refundação do contexto cultural, e quase antropológico, a teatralidade é gerada como um complexo de exigências expressivas individuais e coletivas; os protagonistas e sujeitos dessa radical reteatralização são, portanto, os homens que ao novo teatro terão que dar vida.

No caso da dança, a pesquisa sobre o porquê do teatro tem como figura central o indivíduo/dançarino, que se empenha em reencontrar o sentido do próprio trabalho, explorando a vontade de recuperação de uma harmonia psicofísica do ser humano. O percurso de refundação se desenvolve aqui coerentemente nas áreas mais eminentemente pedagógicas, onde se procura formar o indivíduo liberado física e espiritualmente e em perfeita sintonia com a natureza, através do qual poderá nascer a nova linguagem artística de um teatro baseado no movimento expressivo.

No caso do agit-prop, o elemento central, que funda o sentido do teatro, é a comunidade/público que busca se requalificar libertando-se de sua posição social subalterna. Aqui o percurso se desenvolve substancialmente no terreno da política, onde, através da conscientização e da luta de classes, nasce aquela coletividade ideologicamente homogênea capaz de elaborar uma linguagem teatral apta a representá-la e a comunicar os seus princípios.

O teatro se propõe, nesses casos, como situação experimental dilatada, cujo zênite ético da *Erlebnis* se desloca do momento do ato teatral àquele que coloca em evidência as tensões que o geram. O teatro nasce, assim, em relação a uma cultura precisa e, mais do que isso, se manifesta como seu território relacional e experiencial. Por isso, o seu valor significativo deve ser buscado mais nos sistemas de relação que ele ativa do que nas obras que realiza e, por isso, o seu existir incide mais na cultura e na qualidade das necessidades que ela direciona ao teatro do que nas mudanças do teatro enquanto instituição.

Para Fabrizio Cruciani (1941-1992), mestre e amigo, a quem devo a primeira ideia deste volume, meu especial agradecimento. Agradeço ainda de coração Claudio Meldolesi, Franco Ruffini e Fernando Taviani pelos preciosos e afetuosos conselhos. O ISTA *foi também um polo fundamental de orientação. Dentre as bibliotecas e os arquivos consultados, recordo com gratidão especial o Derra De Moroda Dance Archives de Salzburg, dirigido pela dra. Sybille Dahms. Agradeço Matteo Bonfitto por sua primeira tradução e Adriana Aikawa da Silveira por sua cuidadosa revisão e dedico esta edição brasileira à memória de Yedda Carvalho Chavez – artista, estudiosa e amiga de uma sensibilidade especial – que a promoveu.*

1. Três Casos

MADELEINE G.

Penetrar nas dobras mais inatingíveis da própria alma e trazê-la ao exterior para poder vê-la finalmente de perto, conhecê-la e reconhecer-se, parece ser uma das vocações e das obsessões do homem da cultura centro-europeia na aurora do século xx.

 Os artistas, em particular, e os estudiosos das ciências humanas empenham-se com uma espécie de obstinação nessa iniciativa dedicada à pesquisa das zonas obscuras em que parecem residir as raízes do indivíduo e da humanidade. Psicologia e psicanálise, antropologia e sociologia, pedagogia e ciências políticas, com o apoio da filosofia e da abordagem das disciplinas exotéricas como a teosofia e a antroposofia, contribuem de diferentes maneiras para a redescoberta "científica" do homem, ao passo que as artes se dedicam à sua revelação estética. O teatro, em particular, arte do homem por excelência, que nele atua e propõe antigas e novas estratégias de manifestação e espelhamento exterior das paixões, dos "afetos" individuais e coletivos que movem as ações humanas, revela-se como um dos terrenos mais férteis para pesquisas e experimentações nesse âmbito. "Expressão" se tornará em breve a palavra de ordem de boa parte do teatro alemão, e o ator e o dançarino serão os pesquisadores e experimentadores mais habilitados de um novo tipo de homem que veste a alma sobre o corpo como uma segunda pele, e através do corpo "consciente" e dos seus atributos expressivos, a "ostenta" e dá a ela voz e movimento.

Há um episódio singular ligado a essa pesquisa, que hoje nos parece iluminador em função da sintomatologia, prenunciadora de futuros desenvolvimentos teatrais, que se desdobra aos nossos olhos.

Na primavera de 1904, primeiramente em Munique (a capital artística) e mais tarde em outras cidades da Alemanha, explode um sensacional fenômeno (para)científico e (para)teatral: Madeleine G., a dançarina que dorme ou a dançarina que sonha. Apresentada a um público selecionado de especialistas – médicos, psiquiatras, críticos teatrais e de arte – Madeleine, uma senhora graciosa proveniente da seleta burguesia parisiense, cujo sobrenome é rigorosamente mantido em segredo, de origens caucasianas, com trinta anos de idade e mãe de dois filhos, "dança" em estado de hipnose.

A sua performance sonâmbula conserva, no depoimento das testemunhas – de que nos servimos para a descrição que segue – a vividez de uma experiência memorável.

Acompanhada de seu hipnotizador, o "magnetizador" doutor Magnin, ela avança sobre o palco com um passo tranquilo e modesto: trata-se de uma jovem mulher de pequena estatura e corpo bem delineado, com uma cabeça grande ornada por cabelos escuros e traços claramente eslavos – grandes olhos expressivos, nariz largo e boca carnuda. Veste uma túnica leve e flutuante de seda em tom suave; um véu da mesma cor a envolve como um xale. Em pé, reta diante de Magnin, é hipnotizada e cai em estado cataplético sobre uma cadeira. Dois médicos, competentes e idôneos, são então chamados para confirmar a veracidade da hipnose. Os seus membros estão rígidos, dobrados; os músculos, tensos, endurecidos; o olhar está fixo no vazio com as pupilas levemente convergentes; o rosto, inexpressivo.

E eis que se ouvem, vindos detrás de um biombo, os primeiros acordes de uma sonata para piano executada magistralmente, revelando a presença velada de um verdadeiro artista.

Ao som da primeira nota, Madeleine se ergue, e nela se realiza uma improvisada, imediata e inacreditável metamorfose. Todo o corpo se reanima como se fosse tomado por uma vitalidade sobrenatural, flexível, extremamente móvel e vibrante. Ela acompanha a música com movimentos de braços e pernas, mas também com expressões vivacíssimas do rosto. Trata-se de um prelúdio doce e melancólico de Chopin, e os gestos de Madeleine traduzem e incarnam essa obra com uma encantadora e jovial carga de verdade.

Ao desvanecer da última nota, o último gesto da dançarina se congela, petrificando-se em uma imobilidade inconsciente e inquietante de estátua, mas logo soam os primeiros acordes da *Marcha Fúnebre*. Então, a figura de pedra ganha vida miraculosamente, mergulhando nos espasmos de dor mais profundos, soluça, se desespera e dança atormentada, emanando uma expressividade tão potente que desconcerta o público.

E assim passa de uma música a outra, de uma gama de sentimentos a outra, enquanto o piano é substituído às vezes pela voz de um ator que recita trechos poéticos ou teatrais que ela interpreta com a mesma espantosa vivacidade. A sua dança e a sua pantomima são um fluir, sem solução de continuidade e no estado puro, de todos os sentimentos e emoções que a música e a poesia lhe provocam: alegria, dor, medo, ira, melancolia, horror, êxtase, expressos pelo rosto e pelo corpo inteiro de maneira imediata e absoluta, aparentemente sem o filtro da vontade e da razão. Os espectadores permanecem atônitos, estupefatos, incrédulos, perplexos; todos de alguma forma concordam em reconhecer o fascínio da sua exibição e o resultado estético que Madeleine alcança por vias tão insondáveis.

Ao final da desgastante execução, Madeleine é reconduzida por Magnin à consciência e, levemente atordoada, é então acompanhada para fora do palco. Após alguns instantes, ela entra novamente no palco, vestindo roupas elegantes de passeio e, sentada tranquilamente sem sinal de cansaço, responde com simplicidade e de forma trivial às perguntas curiosas dos presentes. É novamente uma tranquila mãe de família, nada misteriosa nem particularmente interessante.

Os jornais, sempre em busca de notícias sensacionalistas, logo fazem de Madeleine um caso escandaloso. Ela e Magnin seriam criadores de uma mistificação? A hipnose seria real ou habilmente simulada? E se não fosse verdadeira, Madeleine não poderia dançar da mesma forma, conscientemente? Trata-se de um caso clínico, científico, parapsicológico, ou somente de uma hábil e singular dançarina em busca de publicidade? Ela havia estudado ou não música e dança desde a infância?

Os porta-vozes oficiais, aos quais se unem defensores voluntários provenientes de diferentes âmbitos, rebatem pontualmente as acusações, dúvidas e ceticismos. A hipnose é real, e os especialistas são convidados a verificá-la. Madeleine é um sujeito histérico, particularmente sensível em estado de transe aos efeitos da música e da palavra poética. Havia sim estudado um pouco de dança, de piano e de canto na adolescência, mas nem mais nem melhor do que qualquer jovem de boa família da época. Encontrou Magnin por acaso, em uma consulta feita para tentar, através da hipnose, curar recorrentes dores de cabeça, ocasião que possibilitou a ele, também por acaso, reconhecer as faculdades particulares da moça. Assim, ela é apresentada como um fenômeno científico e não como um espetáculo sensacionalista ou por razões comerciais.

Em tais níveis de jornalismo barato o evento teria sido liquidado cedo: uma vez terminada a onda de curiosidade, ele teria sido colocado entre os números de hipnotismo frequentes no teatro de variedades e teria sido esquecido em poucos dias[1]. Na França, Madeleine havia provocado no ano anterior certas reações em ambientes científicos, sem causar nenhuma ressonância no teatro parisiense. Ma, na Alemanha, algo diferente acontece. À sua aparição, como se eletrocutados por uma corrente de alta voltagem, cientistas e críticos se mobilizam com a maior seriedade em torno ao assunto.

---

1   A exibição espetacular dos fenômenos hipnóticos era um gênero do teatro de variedades muito conhecido na Europa desde a metade do século XIX. Desse ponto de vista, Madeleine pode ser considerada um fenômeno tardio, ainda que de excepcional qualidade, de uma série de sonâmbulas que exibiam sequências de poses plásticas inspiradas pela música. Nessa óptica de "gênero" que a relaciona ao passado, Madeleine é citada por Clara Gallini em seu livro *La sonnambula meravigliosa: magnetismo e ipnotismo nell'Ottocento italiano* (Milano: Feltrinelli, 1983, p. 106-107; a autora cita erroneamente como Mangin o hipnotizador Magnin). Uma importância diversa assume a sua figura através de uma óptica voltada para o futuro do teatro.

Médicos intervêm nos jornais e nas publicações científicas, analisando minuciosamente os gestos e comportamentos de Madeleine e os classificam, submetendo-os a testes cuidadosos e severos; alguns céticos ironizam, mas muitos se entusiasmam. Todos concordam, porém, em reconhecer que estão diante de um sujeito muito interessante, independentemente de agir em estado de hipnose, de transe, de autossugestão ou até de simulação, e ressaltam o fato de que aqueles que sofrem de histeria são propensos a manifestações expressivas exteriores e teatrais. Bem cedo, no entanto, as intervenções dos médicos se afastam da investigação de um caso clínico particular para tomar dimensões mais amplas, generalizantes e especializadas ao mesmo tempo, que tendem a fazer de Madeleine um caso exemplar. Eles se perguntam: pode talvez a liberação da psique, através da expressão induzida pela hipnose, ser utilizada como meio de cura ou ao menos de conhecimento das profundezas do inconsciente? É possível explorar um caso tão específico para tentar compreender os mecanismos secretos que ligam a histeria à manifestação dos afetos, a hipnose à sensibilidade musical, o transe à arte? Talvez todo artista possua um componente histérico invisível que, sozinho, é capaz de liberar dos condicionamentos da vigília as forças criativas nele sepultadas? E onde reside essa potencial reserva de criatividade? Ela seria um requisito exclusivo de alguns indivíduos singulares ou faz parte de um reservatório universal acessível a toda a humanidade e que a liga ao ritmo cósmico do universo? Pode talvez a vontade trazer à tona a psique e fazer com que ela se manifeste, se expresse em sua plenitude?

As perguntas se multiplicam e o seu raio se alarga aos poucos; os psicólogos se confrontam, polemizam, e as suas discussões vão frequentemente em direção à ontologia. Às intervenções mais drásticas feitas nos periódicos acrescentam-se os escritos mais ponderados. O doutor Albert von Schrenck-Notzing de Munique, psicólogo emérito que havia patrocinado a turnê alemã de Madeleine, estudioso da hipnose vista como fenômeno psíquico e como método terapêutico, publica em 1904 um volume de mais de duzentas páginas que tem como título *Die Traumtänzerin Madeleine G. Eine psichologische Studie über Hipnose und dramatische Kunst*. Nesse volume, com a colaboração de outro especialista, Otto Schultze, ele disseca todos os aspectos psicológicos e médicos que envolvem o caso, referindo-se a uma série de matérias feitas pela imprensa, analisa os mecanismos psicofisiológicos da expressão mímica dos afetos no cotidiano e na arte[2]. Em obra mais modesta, publicada em seguida com o subtítulo "Tiunfo da Arte ou do Hipnotismo?", Leo Ropa apresenta a hipótese, nascida da observação e da reflexão sobre o caso Madeleine, de uma nova pedagogia fundada na promoção de uma união íntima entre a vontade e a psique por ela dominada[3] e revelada em pleno equilíbrio psicológico-expressivo[4].

Mas se essas intervenções provenientes do campo científico parecem espelhar o fervor crescente em relação aos estudos sobre o inconsciente e seus reflexos nas ações humanas, que bem naqueles anos começam a florescer, as reações dos críticos de teatro e de dança nos dizem respeito e nos tocam mais de perto. Aqui a perspectiva de partida, evidentemente, é diferente, mas clara. Não se interroga sobre a verdade ou não do estado hipnótico da dançarina, pois neste caso não é um aspecto fundamental como é para a medicina, mas sim sobre a "qualidade" da arte que ela demonstra possuir. Com relação a esse ponto, de fato, há uma unanimidade: os fortes ceticismos preliminares se dissolvem diante da evidência, pois de arte verdadeira se trata, inconsciente ou consciente que seja, e a palavra mais recorrente utilizada é "milagre". Os testemunhos, inclusive em função do renome e da competência dos autores, não deixam dúvidas. Basta ler alguns deles para adentrar uma atmosfera de viva emoção e fascinação, e a completa consonância entre eles nos permite construir, sem traí-los, uma única colagem.

---

2   Stuttgart: Enke, 1904. O volume, de estrutura complexa, fornece, além de uma biografia de Madeleine, uma lista com análises estético-fisiológicas de suas expressões e uma interessante intervenção de Leopold Löwenfeld sobre a dignidade psicológica e artística da dança em transe. A partir dos testemunhos reunidos aqui, além das intervenções indicadas a seguir, foi possível reconstruir a descrição das performances de Madeleine e citar os trechos que seguem, que não tinham outras indicações.
3   *Die Schlaftänzerin Mme Madeleine. Ein Triumph der Kunst o der des Hipnotismus?*, München: Seitz & Schauer, 1904.
4   Às publicações alemãs contrasta-se a do hipnotizador Émile Magnin, *L'Art et l'hipnose: Interprétation plastique d'oeuvres littéraires et musicales*, Genève/Paris: Atar/Alcan, [inverno 1904-1905], que fornece a mais completa série de imagens de Madeleine.

Alfred Kerr, talvez o mais conhecido dentre os críticos teatrais da época, observa em *Der Tag*: "Ontem fez sua aparição, caminhando, marchando, cambaleando, tremendo, estatelando-se no chão, rindo, exultando e agonizando Madeleine G. Assisti a um incrível fenômeno da arte interpretativa. Essa arte pode ser praticada durante o sono... ou não."[5] "Mas e se fosse mistificação? – prossegue virtualmente Julius Von Werther – Então talvez aquilo que vimos seria ainda mais grandioso! Se Madeleine tivesse agido conscientemente, estaríamos diante de um talento comparável à Duse". É ainda mais drástico Maximilian Krauss: "Se essa arte de Madeleine fosse consciente, uma arte fundada no estudo e na disposição natural, então deveríamos dizer que o mundo não havia visto até hoje um talento artístico semelhante".

Busca-se, assim, dar conta das peculiaridades formais e substanciais dessa arte extraordinária, que dificilmente se deixa descrever sem a utilização de hipérboles.

Aquilo que o artista que senta ao piano coloca em sua música, em pensamentos e sentimentos, reflete-se imediatamente nela com uma força potente, em impulsos imperiosos e em pura beleza. O mais sutil e tênue movimento da alma, volátil como um sopro, impalpável como um sonho, espelha-se em suas prodigiosas expressões, em seus movimentos, na rítmica, até mesmo clássica, de sua dança. Trata-se de uma milagrosa confluência de tons, dança, mímica, graça e arte, que, em conjunto, produz uma beleza potente. Em alguns momentos, vê-se a luz solar de um dia de maio, o sorriso do céu, o gorgolar e o escoar dos rios entre as flores, e, em outros momentos, a orgia da loucura, o terror e a angústia por algo inquietante... Tudo através de mudanças repentinas, fulminantes, com expressões potentes como nenhum ator, nenhum mímico seria capaz de fazer.

Como afirma Oskar Geller, bem conhecido pelos seus estudos sobre a pantomima. E Georg Fuchs completa, referindo-se às partes em que atua a partir de textos dramáticos:

> O jogo do amor, o seduzir, cortejar, refutar e se oferecer, a espera, a astúcia, o atacar e o suavizar, o separar e o evitar, o "gritar de alegria, apunhalado por um golpe mortal", o grande, eterno canto de amor, o

---

[5] Citado em Fritz H. Winther, *Körperbildung als Kunst und Pflicht*, München: Delphin, 1914, p. 50.

seu corpo canta com sempre novas e esplêndidas árias. Ora nos parece a adolescente Julieta, que empalidece pela primeira vez sob o olhar em chamas de seu amado, ora Ofélia, que revela com inocente lascívia os desejos de seu amor despedaçado, e ora Isolda, intoxicada em seu íntimo pela bebida mortal do pungente amor cortês e depois moribunda na exaltante união da alma.[6]

Apesar de sua brilhante eficácia, essas performances são caracterizadas por um "excesso" que, com pesar, como parece fazer Ernst Schur, é assumido como garantia de sua inconsciência:

Porque todos os seus gestos tem como efeito o sofrimento, a dependência. Aparecem não como desejados, mas como reflexo. Algumas vezes por seu rosto passa rapidamente uma expressão que transforma de maneira tão instantânea os seus traços, algo que não seria possível em uma mímica consciente. É como um sopro, como o deitar da relva quando o vento passa sobre as dunas. Semblante e música permanecem sempre uma única coisa. Estão em contato um com a outra. Nunca se tem a impressão de que haja algo programado nessa relação. Mesmo a transferência dos tons para os gestos não incomoda, porque permanecemos sempre convencidos de que é a música o princípio condutor, ao passo que a bailarina é aquela que a segue.[7]

Mas é exatamente nessa inquietante frenesia passiva, nessa enigmática possessão que reside o fascínio ao qual ninguém consegue permanecer imune.

O que é absolutamente indescritível em palavras é a beleza intensa de cada movimento deste maravilhoso corpo feminino. Esse estado em que a psique é aparentemente liberada de qualquer peso e inadequação terrenos, aspectos que incidem sempre de certo modo até na maior, na mais genial prática artística voluntária. Ela é a animação, a materialização do fenômeno mais sublime da fantasia.

A nossa civilização perdeu a consciência de fenômenos semelhantes, ainda que

os antigos tivessem dançarinas do gênero – recorda Fuchs – todos os comentários a esse respeito fazem referência a uma embriaguez dionisíaca, a um estado indubitavelmente sonambulesco das dançarinas dos

---

6   Georg Fuchs, Die Kunst der Magdeleine, *Münchener Neueste Nachrichten*, n. 89, 23 fev. 1904. Alguns fragmentos são citados também em A. von Schrenck--Notzing, op. cit.
7   *Der moderne Tanz*, München: Lammers, 1910, p. 59-60.

cultos. Eles viam frequentemente aquilo que nesse caso pela primeira vez volta a nos tocar profundamente: esse transbordar, esse agitar-se figurativo da corporeidade através das forças da "alma", através do ritmo, que bem conhecemos tanto nas "leis da natureza" como nas faculdades reguladoras do espírito.

Trata-se, para o homem de hoje, de chegar a compreender que é possível visualizar outro mundo. O *Berliner Börsenkurier* pontua:

É necessário somente ter bem claro do que se trata. [Madeleine] nos oferece uma visão da "causa primeira" instintiva da humanidade, como se aparecesse em sonho ou ainda em certos estados de loucura, ora cheia de graça, ora assustadora; uma visão daquela "causa primeira" da vida emotiva primitiva, obscura, totalmente passiva, que não é ainda ou não é mais contida, iluminada, e guiada pelo intelecto.

Mas muitos se perguntam: esse aprofundamento em uma vida que transcende o cotidiano e o racional, esse destacar-se da matéria da consciência para se deixar guiar pelas forças do espírito, que nesse caso é determinado pela hipnose, não é talvez o mecanismo profundo que regula o estado criativo do artista?

Todo artista que cria e toda pessoa consciente de possuir a arte – afirma Von Keyserlinck – sabe que a obra de arte adquire força somente sob a condição de que ele se exclua ao máximo das impressões exteriores, da vida do mundo externo, e que deixe agir sobre a sua alma somente o próprio eu reprimido e a obra de arte imperturbada. Nesse caso a hipnose consegue extrair a arte do homem comum, que limita o artista na vida cotidiana.

Há talvez algum artista que crie em estado absoluto de vigília? – se pergunta Alfred Kerr – Não creio. Estamos de fato acordados quando escrevemos? Não excluímos onze dos doze avos do mundo e fantasiamos sobre coisas relacionadas a um só ponto, impedindo qualquer outro contato? E quando vemos um grande ator, um daqueles totalmente compenetrados, cremos que ele faça alguma outra coisa além de dormir? Alguém crê que Duse seja capaz, sem dormir (entenda-se sem autossugestão), de produzir um efeito extremo como aquele que agride a sede da alma? Não se pode crer...

Essa última observação, quando repetida e considerada, une psicólogos e críticos e abre caminho para especulações ainda mais radicais, reconduzindo a atenção do artista para o homem. De fato, Madeleine não é uma "artista", mas uma mulher comum.

Então a beleza estética se encontra tão inconscientemente nas profundezas do organismo humano? Isso seria estupendo, porque então a feiura seria somente o resultado de nossa formação desviada, ou melhor, da falta de formação social, e portanto, decididamente falsa, que deve ser absolutamente repudiada, descartada.

Essa esperança de Werther é reforçada e confirmada por O.J. Bierbaum:

> Eu cheguei a uma certeza: *a beleza não é uma invenção de alguns artistas particularmente dotados, mas é algo imanente ao homem em geral*. Como poderia ser de outra forma se nesse fluxo de manifestações que escorre de todos os ângulos e profundezas do sentir humano não há uma única que não possa ser percebida como bela? O feio, assim se pode intuir diante desse extraordinário fenômeno, é, na vida como na arte, somente uma consequência da nossa incapacidade derivada do fato que nos distanciamos do "natural" originário para deixar prevalecer o "racional". Aqui, onde o criar é o inconsciente (que mesmo nos maiores artistas é ativo somente em germe, como momento de intuição), tudo é belo.

As intervenções dos críticos citados (mas também dos vários omitidos) são semelhantes demais entre si ao exibir uma emoção atônita, que parece tê-los agredido, a despeito de si mesmos, "na sede da alma", para suscitar em nós algo diferente de uma curiosidade geral pelo evento e por sua protagonista. Em todos eles, de maneira mais ou menos definida ou consciente, estão presentes as mesmas inquietudes, emergem os mesmos problemas até então parcialmente submersos, permeiam as mesmas aspirações: a dançarina hipnotizada, com a sua exibição reveladora, parece somente tê-los trazido à luz com uma ação incidentalmente maiêutica. Aquilo que interessa é colher inquietudes, problemas e aspirações em seu improviso e simultâneo aflorar, para tentar assim obter a imagem eficaz de um momento cuja excitação faz liberar as tensões latentes.

O ponto de partida é a constatação da existência possível (ainda que nesse caso específico inconscientemente induzida) de um modo anticonvencional, instintivamente imediato e, ainda assim, portador de potentes efeitos estéticos, capaz de traduzir em mímica, gesto e movimento, paixões e emoções evocadas pela música e pela poesia – e aqui se acentuam e exaltam os laços com o teatro. Nesse embaraço angustiante e perturbador, que a nudez emotiva, o excesso expressivo de um inconsciente exibido sem controle e a anulação da consciência e da vontade na ação suscitam no espectador, se aninha a mola que faz desencadear as reminiscências, os confrontos, as especulações, as esperanças.

Nas palavras mais emotivas do que racionais proferidas pelos críticos transparecem concepções e mitos próprios daqueles anos de trabalho e crise intelectual – que correspondiam à crise existencial de uma época de um ainda não superado, e já opressor, imobilismo da sociedade e das instituições culturais –, além de incertas intuições de novos conceitos. Evidentes, fortes impulsos irracionalistas aparecem atenuados e refreados por um idealismo bem mais profundamente enraizado. Pairam no ar rastros do ainda não adormecido romantismo, juntamente com ecos dos pais do pensamento estético alemão, de Schopenhauer a Hegel, de Wagner a Nietzsche, coloridos pelas contribuições de Freud e Jung e reforçados por influências teatrais de cunho experimental, geradas a partir da recente e perturbante turnê de Isadora Duncan, assim como das primeiras apresentações de Maeterlinck e Wedekind.

Aos poucos ganha força o desejo de resgate de uma arte mais originariamente "natural": não no sentido naturalista-positivista de espelhamento fiel da realidade tal como ela é, mas no sentido de uma adesão profunda à natureza, de uma consonância do artista com as leis e o ritmo universais que governam as coisas. Tal ponto de vista exige uma condição particular do espírito, que, geralmente distraído e absorvido pelos acontecimentos exteriores, somente em estado de graça pode alcançar aquela visão do eu individual e da essência universal da humanidade da qual deve derivar a arte; uma condição estática semelhante àquela que se realiza nos cultos e nos rituais de possessão – e sem deixar de lado a evocação à mítica embriaguez dionisíaca de uma Grécia idealizada e assumida, então, como modelo canônico ético-estético. Para traduzir em manifestação exterior, transmissível aos outros, os materiais inconscientes ou transcendentais escavados nas profundezas, não basta o instintivo, o reflexo induzido puro: não ao menos ao artista, ao ator ou ao dançarino. É preciso que o exercício da vontade consciente domine e dirija os impulsos e ações que um corpo disponível e sensível pode transformar em imagem viva da alma revelada. Intui-se, assim, com relação à arte expressiva, a necessidade de uma nova relação entre corpo, alma e intelecto, de um equilíbrio diverso entre as partes, sem todavia prever ainda possíveis modalidades de concretização.

Mas o que mais ressoa é o constante e contínuo desviar do pensamento dos críticos ao homem comum – como se o artista fosse considerado a vanguarda das possibilidades humanas universais, exemplo de uma condição que pode ser atingida por toda a humanidade – que deve ser analisado e reproduzido. O reservatório universal de conhecimento e de beleza acessível ao artista parece ser alcançável por todos através de processos e procedimentos análogos, liberados da casualidade do gênio e da inspiração e usados conscientemente; como se cada pessoa pudesse, assim, ser capaz de "ver" o que o artista vê e de transmitir a sua experiência através da nova, resgatada expressão de uma corporeidade enobrecida e transfigurada pelos influxos dessa visão. Dessa crença nascem, em quem a reflete, a desconfiança e a suspeita em relação à tradição cultural e social contemporânea, vista como causa da inaptidão estética (e portanto também ética?) dos indivíduos, cuja formação é caracterizada pelo desequilíbrio entre as forças da alma e as da razão, impedindo às primeiras de desenvolver as próprias potencialidades em termos de expressão corporal.

São esses os aspectos principais de um discurso ainda impreciso, elementos misturados de um amálgama ainda não claramente definível que, ao delinear-se, organizar-se e concretizar-se em trabalho de pesquisa, encontrarão em poucos anos uma aplicação efetiva prevalentemente – e consequentemente – em termos pedagógicos e teatrais.

Em campo pedagógico ganhará corpo uma concepção "harmônica" de educação, que tenderá para o desenvolvimento perfeitamente interdependente, e simultâneo, das forças da alma e do corpo e reconhecerá no movimento e no ritmo (reflexos do ritmo e do movimento universais) os princípios ordenadores de uma nova beleza física, trâmite indispensável e expressão de uma beleza moral libertada. A concepção "rítmica" da formação física e estética, proposta e difundida por Émile Jaques-Dalcroze e por muitos outros pedagogos entre os anos dez e trinta do século XX, modelará os corpos de algumas gerações de alemães a fim de torná-los harmoniosas imagens vivas de espíritos harmoniosamente formados e orgulhosamente exibidos.

Em campo teatral, as reflexões vorticosamente estimuladas pela dançarina hipnótica – além de desembocarem no grito expressionista da alma de uma geração dilacerada pela angústia – irão desaguar principalmente na dança, com a importante mediação de Georg Fuchs, que baseará sua teoria da dança exatamente em Madeleine como fundamento do teatro do futuro[8]. A "nova dança" alemã (da "dança livre" de Rudolf Laban à nascente dança-teatro em suas várias formas) surge, efetivamente, do estudo consciente e sistemático da expressão corpórea como instrumento direto indissociável do sentir individual e coletivo: *Körperseele*, a fusão perfeita entre alma e corpo, será a palavra de ordem que reconhece a poética de uma nova arte do movimento em que corpo, alma e vontade, elevados à poesia, fundem-se no espaço, através do ritmo, com a essência profunda da natureza.

Se, vinte anos após a primeira aparição de Madeleine G., observarmos o panorama da nova dança já em plena difusão na Alemanha, Áustria, Suíça, e outros países limítrofes, podemos notar, entre outras, três dançarinas a caminho de um prestigioso sucesso. Elas se destacam particularmente nas crônicas e atraem a nossa atenção através das palavras e das imagens sugestivas com que os críticos e admiradores as descrevem.

Fala-se de Sent M'ahesa dançarina "hierática", da perfeição técnica e figurativa de suas fantásticas e bidimensionais danças egípcias, assírias e hindus, inspiradas em antigos baixos-relevos, plenas de um exotismo bizarro encerrado em linhas de movimento calculadas com uma mente precisa, saturadas de vibrações de uma energia muscular propositalmente contida,

---

8   O supracitado texto de Fuchs sobre Madeleine integrará os seus escritos sucessivos *Der Tanz*, Leipzig: Voigtländer, 1906 e *Die Revolution des Theaters*, München/Leipzig: Müller, 1909. Ver infra, p. 69-70.

mas que transparece sutil como uma chama sob uma superfície de gelo; diz-se que ela traduz em uma visão onírica, mas intelectualmente distante, emanada por um espírito em luta entre rigor e transgressão, o mito pessoal e europeu de uma beleza arcaica e clássica nos ritmos e formas[9].

Fala-se de Mary Wigman, dançarina "expressionista", de sua dança obstinada e frequentemente silenciosa, povoada de bruxas e mortos, que evocam rituais pagãos e visões xamânicas, às vezes rígida e ágil, às vezes insinuante e ferina, sempre fortemente sugestiva e inquietante; diz-se que ela revela e dá corpo aos fantasmas, às angústias e às esperanças delirantes, mas vulneravelmente terrenas, que se agitam nas zonas mais obscuras da consciência de uma juventude desconcertada pela guerra e pela dissolução dos valores[10].

Fala-se de Charlotte Bara, dançarina "estática", de sua dança mística, virginal e luminosa, de como ela se transmuta e sofre sob o peso e as dores do mundo ou de como se transfigura e exulta em uma visão da graça divina; de como desliza desprovida de peso e tende ao alto como se fosse erguida por um desejo de santidade, como uma vítima voluntária de um sacrifício ou guia de uma viagem para o além; diz-se que ela expressa, através do corpo tornado transparente, a união do espírito liberado do homem com a transcendência divina[11].

9 Sent M'ahesa (1883-1970), que viveu o auge da popularidade entre os anos de 1910 e 1920, foi a maior expoente europeia da dança exótica, cuja musa, nos Estados Unidos, foi Ruth Saint-Denis. O caráter prevalentemente figurativo de sua dança combina com as tendências decorativas e pictóricas do *Jugendstil*. Além dos repertórios largamente citados em nosso capítulo *Körperseele: O Corpo-alma*, que traz notícias das três dançarinas aqui citadas, cabe mencionar a análise sobre elas feita por Frank Thiess, *Der Tanz als Kunstwerk*, München: Delphin, 1920.

10 Mary Wigman (1886-1973), a maior e mais poderosa intérprete da "nova dança" alemã, ligada ao expressionismo, fundou a vertente coreográfica do movimento e influenciou enormemente toda a dança europeia do século xx. Ver infra, p. 87-88).

11 Charlotte Bara (1901-1986) reúne em seu trabalho muitos dos pressupostos místicos inerentes à "nova dança", exaltando-os através de uma inclinação pessoal ao êxtase. No final dos anos de 1920, ela funda em S. Materno (Ascona) uma instituição teatral que consagra a sua poética e que permanecerá ativa durante várias décadas. Sobre a sua dança, ver F.H. Winther, *Der heilige Tanz*, Rudolfstadt: Greiferverlag, 1923; para notícias biográficas, ver Peter P. Riesterer, *Charlotte Bara Ascona. Leben und Tanz*, Ascona: Ferien-Journal, 1985; e os textos sobre o Monte Verità, que serão citados mais adiante.

Três personalidades individuais profundamente diversas que encarnam três diversas poéticas do movimento e do teatro e que, por muito tempo, serão periodicamente comparadas a Madeleine[12]. Pois, tal como ela o havia feito inconscientemente, sem saber e sonhando, essas três perspicazes profissionais do teatro (e com elas gerações inteiras de dançarinos e atores) aprenderam voluntariamente a dançar "com as profundezas da alma viradas para fora"[13].

MONTE VERITÀ

Primeira cena. Um prado de montanha circundado pelas árvores de um bosque em três lados – norte, sul e leste – e completamente aberto a oeste, de onde se precipita em uma descida acentuada. Aos pés do declive estendem-se as águas tranquilas de um lago estreito entre picos suntuosos, que se esfumam no horizonte, suavizando-se em uma cadeia de colinas azuladas. Próximo à borda ocidental do prado há uma lareira rústica, uma espécie de altar composto por grandes pedras, sobre as quais está preparada a lenha para uma fogueira. Pouco antes do anoitecer, este canto tranquilo, totalmente imerso na natureza, é ocupado por uma alegre comitiva que ali chega após um prazeroso passeio, acompanhado de cantos e sons. Todos tomam seus lugares ordenadamente em semicírculo, com as costas para as árvores e o olhar para o vale e para as montanhas distantes, sobre as quais paira o último sol.

Então, uma fila de jovens que dançam, com os pés nus e envolvidos por leves túnicas, surge do bosque e circunda o altar com sua dança alegre. Guia-os uma jovem vestida de dourado, hierática e vibrante, verdadeira alma do grupo, e atrás dela avançam, entre outros, uma dupla de jovens vestidos de azul, cuja atitude remete aos arcanjos vingadores em seu passo solene e ritmado; um duende enlouquecido, símbolo do trovão, que

---

12 Impressiona a persistência da imagem de Madeleine no pensamento teatral e artístico das décadas sucessivas à sua aparição. Embora irregularmente, podem--se encontrar citações sobre ela em muitos escritos que consideram o problema da criação artística e também em falas comuns – quase proverbiais – sobre as atitudes excessivamente inspiradas de alguns intérpretes teatrais.
13 Ver F.H. Winther, *Körperbildung als Kunst und Pflicht*, p. 50.

arrasta consigo entre saltos e piruetas um grupo de seguidores entusiasmados, dentre os quais sobressai a graça de uma menininha rechonchuda e rosada; um adolescente coberto somente por uma túnica curta, com a cabeça coroada por um cinto trançado, exprime em sua dança um prazer quase inebriado. Na medida em que o sol cai sobre as montanhas, surge um cortejo que segue um orador em direção ao prado. No exato momento em que a sua cabeça desponta da borda da clareira, o disco solar toca os picos no horizonte. Ele então começa a declamar um hino ao sol poente, seguindo solenemente em direção ao altar, onde é acolhido por uma dança de boas-vindas, que interrompe por instantes o seu canto. Retoma-o depois com mais intensidade, enquanto o sol já desapareceu pela metade e as sombras começam a se alongar. Mas antes que o sol desapareça por completo, das filas de espectadores saem mulheres e crianças que se aproximam da fogueira dançando e acendem o fogo. A fumaça fraca que se ergue e se funde com as sombras em torno ao lago desaparece logo em meio a uma impetuosa dança final, acompanhada pelas últimas estrofes do hino ao sol poente. A roda frenética dos dançarinos transforma-se, enfim, em um cortejo que arrasta consigo os espectadores.

Segunda cena. Pouco antes da meia-noite, um grupo selvagem de músicos que dançam, munidos de tambores, gaitas, trombetas, chocalhos e tam-tans, com o tronco e os pés nus, reúne novamente os espectadores, e, à luz das chamas, uma procissão estouvada de sons, cantos e gritos sobe por um caminho até o topo de uma colina, onde os aguarda uma clareira circular, rodeada de rochas contorcidas e bizarras. No gramado ardem cinco diferentes fogueiras, as únicas fontes de luz do lugar. Em volta e entre essas fogueiras se agita um pequeno bando de duendes delirantes, que executam saltos animalescos, movendo tochas acesas. Segue-os um grupo de figuras mascaradas; máscaras grandes, das quais sai uma trança com ervas e ramos que desce até o chão, cobrindo o corpo inteiro dos dançarinos. Destas silhuetas primitivas, roliças ou esguias, pesadas ou leves, saem rastejando lentamente larvas tenebrosas de bruxas e demônios que, em um sabá infernal, ainda mais inquietante em função do silêncio absoluto que prevalece e do ondejar do fogo, dão às chamas as vestes de grandes totens. O ritual continua, transformando-se pouco a pouco, com os lampejos incertos da chama que vai se apagando, em uma dança de sombras cada vez mais indistintas e temíveis. O grito assombroso de um menino dançarino interrompe, então, o silêncio mortal. As tochas são acesas novamente e os espectadores abalados são acompanhados em direção ao vale.

Terceira cena. Com o sol nascente, vai-se em direção ao último espaço cênico, um prado levemente inclinado na vertente leste de uma colina. Os espectadores se sentam em filas ordenadas ao longo do declive. Logo em seguida, no fundo da colina, surgem os primeiros raios de sol. Aparece então um grupo de meninas envoltas em mantos amplos, soltos e de cores vivas, que sobem o declive com leveza; os raios de luz coroam essas figuras e fazem brilhar as sedas coloridas. Ao som de flautas e instrumentos de corda, forma-se uma carola aérea e quase incorpórea: os espíritos luminosos do dia, símbolos de uma humanidade liberada do obscuro e oprimente abismo das trevas pelo eterno renascer do sol, dançam a alegria fulgurante da vida renovada.

ÉPOCA: 1917, 18 e 19 de agosto.

LUGAR: Monte Verità, em Ascona, no lago Maggiore, no cantão de Ticino, Suíça.

ESPETÁCULO: a *Festa do Sol*, celebrada em suas três partes: O Sol Poente, com a execução do "Canto do Sol Poente" de Otto Borngräber; Os Demônios da Noite, dança pantomímica à luz de tochas; e O Sol Vitorioso, hino acompanhado de danças.

INTÉRPRETES: alunos da escola-colônia de dança de Rudolf von Laban.

ESPECTADORES: participantes do Congresso Cooperativo Anacional da Confraternidade dos Iluminados Herméticos, Ordem do Templo do Oriente (Monte Verità, 15-25 de agosto de 1917).

RELATORES: as duas descrições disponíveis do espetáculo, cuja completude é aceitável e às quais tentamos nos manter fiéis no relato dos fatos e da atmosfera em nossa narração, provêm de dentro dele: uma é de Laban e uma de Jakob Flach, um dos jovens dançarinos que participou do evento ativamente[14].

---

14 Rudolf von Laban, *Ein Leben für den Tanz. Erinnerungen*. Dresden: Reissner, 1935, autobiografia poética de Laban, e Jakob Flach, *Ascona gestern und heute*, Zurich/Stuttgart: Werner Classen, 1971.

Em plena Guerra Mundial, no coração da Europa destruída pelo conflito, nas encostas dos Alpes, onde batalhas sangrentas eram travadas, esta celebração ritual, em sua estranheza que aos nossos olhos beira o absurdo, sintetizava a essência do Monte Verità[15]. Entre os últimos anos do século XIX e os primeiros do século XX, formou-se, aos poucos, uma estância turística especial nas colinas de Ascona, pequena cidade de clima ameno, recomendada pela qualidade do ar, e pelos banhos de sol, aos doentes respiratórios e escolhida por artistas e pensadores por seu panorama. Criada por inciativa de um casal de ex-doentes e seus amigos entusiastas, ganha vida uma espécie de colônia-sanatório, onde os fundadores se propunham a implantar um laboratório experimental de uma completa reforma da vida (Lebensreform). Liberados das restrições sociais, do assédio das cidades e do progresso tecnológico, os hóspedes imergiam, segundo os princípios mais rigorosos da Lebensreform, em um consciente retorno à natureza, cujas manifestações mais imediatas e visíveis (e amplamente divulgadas) eram o vegetarianismo e o nudismo, mas cujas repercussões profundas de caráter filosófico, psicológico e ideológico iam muito além destes comportamentos exteriores.

Em pouco tempo, às velhas casas coloniais abandonadas, primeira sede da colônia, foram se juntando edifícios para os serviços comuns, mansões, hotéis, casas e cabanas de madeira, construídas frequentemente pelas mãos dos próprios residentes, que, de maneira estável ou temporária, chegavam em número crescente. Atraídos pelo projeto de reforma libertária que inspirava os animadores do local (e talvez, se levarmos em conta os estudos de alguns geólogos, atraídos pelas enigmáticas anomalias magnéticas das rochas que compõem aquelas colinas), vinham ao Monte Verità – certamente o mais emblemático dos nomes para o mais "apartado" dos mundos – uma quantidade de pessoas e personagens com as mais variadas e pessoais motivações. Aos doentes, aos vegetarianos, aos naturistas, aos amantes da vida primitiva e autossuficiente, que escandalizavam

---

15 Sobre o Monte Verità, ver em particular a coletânea de ensaios, em AA. VV., *Monte Verità: Antropologia locale come contributo alla riscoperta di una topografia sacrale moderna*, Milano: Electa, 1978; e Robert Landmann, *Ascona Monte Verità*, Frankfurt/M.-Berlin: Ullstein, 1979.

a população nativa andando nus ou com o mínimo indispensável de roupa pelas ruas da cidade (hábito que lhes rendeu o apelido de "balabiott" em dialeto local, ou seja, "bailanu"), ostentando barbas e cabelos luxuriantes e vivendo, às vezes, em condições quase neolíticas, uniram-se em pouco tempo grupos movidos pelas finalidades mais diversas. Anarquistas, artistas, filósofos, teósofos, psicanalistas, refugiados políticos, casais fora da norma, homossexuais, individualistas excêntricos, em uma circulação contínua, ficavam em Monte Verità alguns meses, um ou mais verões, às vezes o tempo suficiente para organizar um congresso ou dar uma série de conferências, às vezes alguns anos. A grande, ilimitada tolerância social, ética, política e religiosa que (exceto as poucas, mas respeitadas normas de convívio civil) caracterizava a colônia, permitia a rápida inserção dos recém-chegados, ou melhor, permitia que eles se unissem ao grupo sem necessariamente serem assimilados.

Essa sociedade heterogênea pluricelular, composta de pequenos núcleos unidos mais pela própria diversidade em relação ao externo do que pela homogeneidade interna, conheceu o seu momento de maior popularidade internacional nos anos em torno da Primeira Guerra Mundial, quando as condições adversas de vida levaram muitos a fugir de uma realidade de violência e de medo. A proteção oferecida pela neutralidade do território suíço, somada ao fascínio anarquista e utópico da colônia, atraiu exilados mais ou menos ilustres de todas as partes da Europa e visitantes do mundo inteiro.

O Monte Verità, que viu passar em suas colinas magnéticas gerações e categorias diferentes de exilados voluntários e forçados – de Mühsam a Duncan, de D.H. Lawrence a Krishnamurti, de Jung a Kérenyi, de Toller a Schlemmer, de Hesse a Fromm, e a lista poderia desdobrar-se em algumas páginas –, propunha-se, já nos anos dez do século xx, como uma colônia de "estrangeiros", não somente em relação à terra que os hospedava, mas em relação aos países e culturas de origem e, inevitavelmente, entre eles mesmos. No impulso que agregava naquele lugar as individualidades e as buscas individuais havia em comum a recusa das condições de vida contemporâneas, a necessidade de encontrar um território no qual reivindicar o direito de sobrevivência, transformando a própria diversidade em ideologia.

Se na primeira década do século XX prevaleceu uma ideia de matriz anarquista no Monte Verità, propagada pelos grupos que se reuniam em torno de Erich Mühsam e da figura singular do médico Raphael Friedeberg, na década seguinte o que domina é a palavra de ordem do Lebensreform, a reforma da vida que passava substancialmente através da redescoberta e da liberação do homem – entendido como totalidade corpo-alma--intelecto – e de suas ignoradas ou reprimidas potencialidades físicas, psíquicas e intelectuais.

Como protagonista, ao mesmo tempo glamoroso e proibido da nova disciplina de vida, surgia o corpo, aquele corpo humano até então mortificado e mutilado em suas faculdades. Assim, os psicanalistas sondavam os mistérios da psique individual, conduzindo experimentos precursores, e por vezes arriscados, com os pacientes e consigo mesmos. (Nesse sentido, abalou a opinião pública internacional e dividiu os estudiosos o caso do psicanalista Otto Gross, que após ter experimentado pessoalmente todo tipo de droga, acabou internado por iniciativa de seu pai, criminólogo famoso, por ter facilitado o suicídio de uma paciente e, assim mesmo, reivindicou com a cabeça erguida o direito a uma ética profissional revolucionária.) Assim, os apóstolos do retorno à natureza, liderados por Henry Oedenkoven e Ida Hofmann, os fundadores do Monte Verità, educavam os próprios organismos a ritmos biológicos primitivos, alimentavam-se somente de produtos da terra, expunham-se nus à luz, ao calor, ao ar, faziam exercícios físicos constantes, num esforço autopedagógico que, através da revitalização do corpo, mirava à reconquista de uma virgindade de espírito, promotora da alegria de viver de modo consciente em sintonia com a natureza e com a própria humanidade. Assim, teósofos, místicos orientais e ocultistas, guiados por alguns dos mais importantes alunos de Blavatsky e de Besant, iniciadoras da escola teosófica, mergulhavam na sondagem do corpo mental e do corpo astral, submetiam o corpo físico a um rígido e imprescindível regime vegetariano e a práticas de disciplina severa provenientes do extremo oriente. Assim, os artistas que mais exprimiam o espírito de Ascona, como o célebre e questionado Fidus, exaltavam a "sanidade" da beleza nas imagens de corpos nus e idealizados. Assim, de um modo geral entre os frequentadores do Monte Verità também era difundida e respeitada, e às vezes teorizada, a mais completa liberdade sexual, em nome de uma ilimitada aceitação e prática das legítimas pulsões sentimentais e físicas do homem.

E assim, de novo, a arte, que em Monte Verità encontrou a sua sede e provocou uma ressonância tão profunda a ponto de se tornar quase a expressão ideal daquele mundo, foi a arte do corpo por excelência: a dança, na singular acepção libertária e totalizante de Rudolf von Laban.

Nenhuma forma teatral havia conseguido encontrar uma cidadania real na colônia, que buscava unanimemente uma renovação em todos os âmbitos e se mostrava indiferente aos gêneros de teatro ligados à cena burguesa. A arte expressiva, porém, símbolo da regeneração da arte no quadro do Lebensreform, constituía um problema difusamente sentido. Sensíveis a qualquer prática educativa e expressiva que envolvesse, segundo novos princípios, o organismo e o espírito humano, os residentes estiveram muito atentos à elaboração da teoria eurítmica de Jaques-Dalcroze (hóspede em Monte Verità em 1909) e se apaixonaram pela dança provocativa e revolucionária de Duncan (que permaneceu na colônia em 1913), através da qual, além da exaltação da livre expressão do corpo, oferecido em sua liberdade e individualidade redescobertas, reencontraram com emoção a sacralidade dos rituais pagãos, condizentes com o exotismo e misticismo difundidos na época. Quando em 1913, após algumas estadias na colônia, o húngaro Rudolf von Laban decidiu transferir de modo estável para o Monte Verità a sua escola de dança e de arte, já ativa em Munique há alguns anos, para tentar com os seus alunos uma experiência de vida comunitária, obteve o apoio incondicional e a colaboração de Henry Oedenkoven, e foi acolhido com todas as honras pela Cooperativa Individualística do Monte Verità – entidade de nome singular que reunia e regulava as iniciativas locais.

A nova Escola de Artes abriu suas inscrições para os membros da colônia, apresentando-se com as seguintes declarações programáticas:

A Escola de Artes é regida por novos princípios pedagógicos e didáticos que Rudolf Laban de Varalja segue há anos em seus cursos, a fim de buscar uma regeneração das forças vitais da arte.

Os alunos são introduzidos em todas as formas expressivas do gênio humano.

Ele busca, em colaboração com seus professores e colegas, encontrar em todos os campos da atividade e da expressão as novas formas de uma vida simples e harmônica. Vem, assim, despertada a compreensão e o prazer de um fazer artístico essencialmente vital e, desse modo, o aluno é preservado do número crescente de produtos artísticos privados de valor e de utilidade, que são o triste fruto de uma educação artística que visa unicamente a especialização.

Os exercícios e os trabalhos serão desenvolvidos – na medida do possível – em espaços ao ar livre e nos laboratórios da Cooperativa Individualística do Monte Verità. A Escola se propõe a introduzir os membros desta associação em um viver artístico. Não é, entretanto, necessário ser membro da Cooperativa para ser admitido na escola.[16]

Os cursos eram divididos em quatro seções, frequentadas contemporaneamente com uma carga média de quatro a cinco horas diárias:

ARTE DO MOVIMENTO: 1) Exercícios físicos. Trabalho corporal em espaço aberto e no laboratório; 2) Jogos e danças individuais e em grupo; 3) Composição da obra de arte do movimento.

ARTE DO SOM: 1) Exercícios vocais e instrumentais. Cantos e ritmos como acompanhamento de trabalho; 2) Canto individual e coral. Música instrumental; 3) Composição musical.

ARTE DA PALAVRA: 1) Exercícios mecânico-fonéticos em línguas diversas. Exercícios de dicção; 2) Oratória e declamação individual e em coro; 3) Composição da obra de arte da palavra.

ARTE DA FORMA: 1) Exercícios técnicos. Trabalho técnico em espaços abertos e no laboratório; 2) Trabalho em arte aplicada. Arquitetura. Modelagem; 3) Composição da obra de arte da forma.[17]

Laban cuidava pessoalmente, além do curso de movimento e de dança, também dos de oratória e de declamação, e ainda dos exercícios rítmicos e musicais e do acompanhamento instrumental, perseguindo o sonho, nunca completamente abandonado, de fusão suprema na obra de arte entre dança, som e palavra (Tanz-Ton-Wort), as três formas fundamentais da expressão humana. Além disto, talvez nunca como nesse momento ele tenha estado tão perto de traduzir

---

16 Fragmento extraído do programa original da Escola de Artes, reproduzido em AA. VV., op. cit., p. 130.
17 Ibidem.

experimentalmente, em um único projeto, o desenho teórico de Delsarte sobre a arte aplicada, valendo-se do ainda recente convívio com alunos do mestre francês em Paris e usando sua própria sensibilidade e competência em campo pictórico e figurativo, que o tinham levado a frequentar o ambiente dos "secessionistas" de Viena e de Munique e a se aproximar do expressionismo e do dadaísmo.

Para ele, no entanto, que se tornaria um excepcional e ainda hoje não totalmente reconhecido analista científico, teórico e pedagogo do movimento expressivo, foi bem naqueles anos intensos e fecundos de atividade febril de pesquisa e de experiência pedagógica cotidiana que tomou forma e consistência a sua concepção revolucionária de dança como expressão privilegiada da essência do homem.

As numerosas e precoces experiências artísticas através das quais ele havia sondado com paixão e esperança intensa, sempre desiludida, os territórios da pintura, da poesia, da música e, de maneira particular, do teatro, como ator, dramaturgo, cenógrafo e diretor, o haviam convencido da inadequação das formas de arte já experimentadas para traduzir esteticamente a complexidade harmônica dos componentes físicos, emocionais e intelectuais do homem. Já a dança, arte do movimento, ele havia reconhecido como a "primeira e primária expressão humana", tendo-a eleito o território de pesquisa que absorveria a sua atenção para o resto da vida.

Em Monte Verità, território isolado e propício, ele se dedicou a investigar o mecanismo profundo e sutil, sempre postulado, mas nunca claramente demonstrado, através do qual as emoções se traduzem em gestos e, para além dele, em gesto poético e necessariamente expressivo, ou seja, em dança (assim como buscou definir as modalidades energéticas e espaciais dessa nova arte do movimento)[18].

A dança "livre" que ele pesquisava, em contraste com todas as concepções acadêmicas e virtuosísticas e em sintonia

---

18 Para saber mais sobre a busca expressiva de Laban, os problemas, as reflexões e a experimentação no período de Ascona, ver Hans Brandenburg, *Der moderne Tanz*, München: Müller, 1921; e Martin Green, *Mountain of Truth: The Counterculture Begins Ascona 1900-1920*, Hanover/London: University Press of New England, 1986, p. 83-115. Ver infra, p. 75-76.

com a intuição duncaniana, definia-se como expressão substancialmente individual, manifestação lírica exterior das riquezas interiores e das aspirações individuais mais elevadas. Para articular as individualidades singulares em uma dança "coral" – permanente aspiração de Laban – em que cada um, conservando a plenitude da própria liberdade expressiva, pudesse vibrar em uníssono com os outros, era necessária uma experiência prolongada de vida e de trabalho realmente comunitário. Somente afrontando e superando juntos, dia após dia, os problemas materiais e psicológicos do grupo, compartilhando privações e fadigas, assim como aspirações e satisfações, pensava Laban, é que o grupo poderia transformar-se em um "templo vibrante" de sua própria utopia expressiva, uma comunidade que soubesse se exprimir dançando, em uma espécie de oração vibrante, a quintessência da própria alma coletiva.

Instalaram-se em casas velhas de madeira abandonadas, reformando-as e construindo outras. Instauraram um sistema de vida sóbrio e rigoroso, que os escassos meios dos quais dispunham os ajudavam a respeitar: uma vez adotado o vegetarianismo vigente na colônia, construíram uma horta, cultivavam-na com atenção, consumindo os seus produtos (ficaram famosas as sopas de verdura que tomavam juntos à noite ou ofereciam aos amigos que os visitavam); construíram um forno de pão, tentaram ser autossuficientes ao máximo, tecendo tecidos rústicos, confeccionando roupas e sandálias, cuidando eles mesmos do trabalho de cozinha, limpeza e de manutenção. Passavam longas horas de trabalho em espaços abertos, estudando com os pés descalços, usando túnica e tapa-sexo ou completamente nus, buscando penetrar os segredos do movimento do próprio corpo e sua relação com o espaço e a natureza, sob os olhares benevolentes dos habitantes de Monte Verità (com os quais compartilharam imediatamente a qualificação de loucos por parte da população nativa). A rebelião artística do grupo e sua determinação nas pesquisas encontraram um terreno fértil naquele lugar de transgressão, mas também de cultura experimental protegida de uma nova qualidade de vida, fazendo com que fossem aceitos sem hesitação. Ao grupo originário, vindo de Munique, se somaram os novos adeptos da Escola de Artes: residentes da colônia, jovens anticonformistas que habitavam nos vilarejos vizinhos, dançarinos alemães, suíços e franceses que haviam rompido com o academicismo das escolas de balé e decidido tentar novos caminhos.

Entre os testemunhos daqueles dias ambivalentes, intensos de liberdade ao mesmo tempo ébria e rigorosa, o de Hans Brandenburg, na época um jovem crítico e dramaturgo ansioso por conhecer todas as novidades e pronto a se deixar envolver nas experiências que o tocavam mais intimamente, nos transmite de maneira clara o espírito duplo, libertário-construtivo, da Tanzfarm, a fazenda de dança de Laban. Brandenburg foi hóspede como ouvinte em Monte Verità durante o verão de 1914, um mês antes da explosão da guerra, que pegou de surpresa o grupo de dançarinos nas colinas de Ascona.

Não usávamos outra coisa a não ser camisas e calções: eu tinha um cachecol colorido e um chapéu de palha daqueles que se usavam na colheita da uva, que Dora havia pintado de maneira fantástica, e uma longa bengala de bambu que eu carregava como se fosse o nosso distintivo. Tomávamos banho nus no Lago Maggiore, onde a praia se funde com as águas da montanha em um arcádico delta. Caravana multicolorida, subíamos com as nossas sandálias leves pelos vilarejos de montanha e pelos bosques, onde Jaköble trepava nas árvores, sibilando feito um gato; acampávamos debaixo dos azinheiros, em frente às últimas cabanas de pastores; mergulhávamos suados em pequenas nascentes geladas e tomávamos sol, absorvendo os raios que surgiam por detrás das rochas, as garotas com ciclames nos cabelos. Ao anoitecer, remávamos, cantando e gritando no lago, com as bordas dos barcos de pesca enfeitadas por lampiões. [...] Laban se mantinha admiravelmente à parte, como que concentrado em um destino mais sério e maduro, em uma empreitada que necessitava daqueles jovens inadequados e loucos para alcançar resultados bem diferentes dos passeios prazerosos. Também Mary Wigman evitava, como assistente de Laban e ocupando uma posição de prestígio, os nossos almoços à base de carne, as nossas brincadeiras e vagabundagens, a desordem pagã de nossos banhos. Ela não podia emular aquela beleza nua e despreocupada; pelo contrário, defendia-se das intenções de Laban, que queria que ela cortasse os cabelos, pois preferia que toda a sua força parecesse burguesmente feminina do que excentricamente masculina. Entretanto, submetia essa força ao jugo do estudo e do ensino, e o faria ainda por muitos anos, como se para ela o tempo não contasse. Sufocava as visões da dança que anunciavam o advento de uma beleza rigorosa e nova, e resistia em seu dever voluntário que, durante os anos da guerra, a fizeram desaparecer completamente (tudo isso com a minha profunda preocupação, ainda que se tratasse somente de uma longa servidão que será seguida por uma longa soberania).[19]

O campo preferido de investigações relacionadas ao estudo da transformação do gesto cotidiano em gesto metafórico e poético envolvia para Laban a prática das danças religiosas e rituais dos povos primitivos e orientais, nos quais era possível captar um diverso e elevado grau de simbolismo nos movimentos. Através das reelaborações dos conteúdos e dos elementos expressivos assimilados por meio desses estudos e colocados em prática pela pedagogia do corpo e do movimento, nasciam danças que ecoavam rituais mágicos pagãos sem ser, na verdade, a expressão de nenhum mito, a não ser o de uma vitalidade originária criativa do corpo humano reencontrada, base de uma nova vida individual e coletiva. E, como a pesquisa sobre o mito e o ritual representava um dos elementos de fascinação e de aplicação especulativa e experimental mais vivos e praticados na colônia, sobretudo pelo círculo exotérico guiado por Ida Hofmann, as danças de Laban (ele próprio um maçom ligado ao ramo hermético do Templo do Oriente) respondiam às visões e necessidades enraizadas na comunidade.

Assim o Monte Verità expressou o "seu" teatro. Os alunos de Laban se exibiam com certa frequência na colônia, em um gramado circundado por bancos de madeira, ou se deslocavam, embaixadores estrangeiros de um outro mundo, para os países vizinhos, para hotéis cheios de turistas ou pontos de encontro nos vilarejos, às vezes aplaudidos, às vezes repudiados, mas sempre vistos como diversos. As danças se transformavam com o passar dos anos e com o desenvolvimento das pesquisas. Inspirada em antigas mitologias babilônicas nasceu *A Viagem de Istar ao Inferno*; do estudo do ritmo primitivo do tam-tam nasceu *A Baqueta do Tambor Dança*; da busca pela expressão coral emergiu *O Templo Vibrante*; no verão de 1914 foi encenada, baseada no texto de Brandenburg, *A Vitória das Vítimas*, uma obra de "Tanz-Ton-Wort", montada para um teatro da

---

19 Extraída do coloridíssimo volume de memórias autobiográficas de H. Brandenburg, *München leuchtete. Jugenderinnerungen*, München: Neuner, 1953, p. 483-484. Trata-se de uma mina de informações sobre a vida artística muniquense e alemã durante os anos que antecederam a Primeira Guerra Mundial.

cidade de Colônia. *A Festa do Sol*, apresentada no verão de 1917, representa, portanto, só um episódio, mais documentado que outros, de uma prática expressiva e comunicativa habitual. Uma leitura mais atenta do programa das manifestações associadas ao congresso dos Iluminados Herméticos evidencia isto. Além da *Festa do Sol*, o programa previa conferências-demonstrações, tais como *Na Forma Vive o Espírito*, com intervenções feitas pelos alunos de Laban, ou ainda uma outra intitulada *Cultura Expressiva na Educação. Vida e Arte*, apresentado por Mary Wigman (que foi também a intérprete principal da *Festa*), ou ainda um espetáculo de dança da Escola de Artes chamado *A Flor Prodigiosa*[20]. A sociedade "diversa" do Monte Verità celebra, por meio de seus adeptos eleitos, o rito teatral da própria alteridade projetada, que se tornou criativa, traduzindo nele as mitologias culturais, sociais e expressivas da própria utopia existencial.

FRIEDRICH WOLF E BÉLA BALÁZS

O teatro político da República de Weimar é um fenômeno ramificado e multiforme, uma rede de projetos e iniciativas, um florescimento desordenado de experiências, ligadas pela busca comum de uma arte destinada à nova classe operária. Este problema percorre, nos anos de 1920 e 1930, todas as nações industrializadas, embora sob termos e formas diversas. Na Alemanha, a situação socioeconômica particular, a sólida tradição operária, a singular difusão e ressonância das teses soviéticas provocam uma série de respostas excepcionalmente significativas. Soluções diversas são propostas a partir das mais variadas posições: das instituições e dos indivíduos, dos políticos e dos artistas, do teatro e da rua.

A máquina gigantesca da Volksbühne oferece arte para o povo a preços populares; em Leipzig a social-democracia organiza espetáculos de massa em que milhares de pessoas encenam para dezenas de milhares a celebração da ideia socialista; o diretor Erwin Piscator cria um teatro proletário moldado

---

20 Esse programa é descrito em AA. VV., op. cit., p. 75.

pelo espírito do *Proletkult*, lançando o mito do "coletivo teatral" como garantia de luta contra o individualismo burguês, apropria-se das formas do *Kabarett* para difundir a sátira política e inventa um maquinário cênico fantástico que abarca toda a *Weltanschauung* (visão de mundo) proletária; o dramaturgo e diretor Bertolt Brecht elabora o drama didático: os operários politizados vão às ruas com o provocativo teatro de agitação e propaganda.

O teatro operário tem raízes profundas na Alemanha, fincadas no terreno dos círculos culturais dos trabalhadores, berço das associações atléticas, corais e teatrais que floresceram já no início da difusão do pensamento socialista. Após décadas de obscura prática filodramática, a adesão dos grupos operários à campanha de agitação e propaganda lançada pelo Partido Comunista Alemão (KPD) dá início, nos últimos anos da década de 1920, ao fenômeno do agit-prop. Os operários fazem teatro para os operários, invadindo as ruas; organizam-se em uma associação, a ATBD – Arbeiter-Theater-Bund Deutschland (Liga do Teatro Operário da Alemanha), fundam dois periódicos, dos quais um teórico, o *Arbeiterbühne* (Cena Operária), e o outro sobre as experiências, o *Das rote Sprachrohr* (O Megafone Vermelho); escrevem, montam, interpretam e administram o próprio teatro, negam os valores artísticos e exaltam os de uso imediato, usam o teatro como uma arma de luta de classe. Muitos intelectuais os observam, os encorajam, os seguem, os guiam, os teorizam. O agit-prop, em função da radicalização que impõe aos problemas, torna-se um lugar privilegiado de reflexão sobre a arte proletária e sobre a legitimidade do fazer arte em si.

Fredrich Wolf não é uma figura muito conhecida internacionalmente, a não ser entre os especialistas, embora tenha sido considerado na Alemanha Oriental e nos países do Leste – não sem razão – um dramaturgo de qualidade e um homem de notável cultura e relevância artística e ideológica. Nascido em 1888 em um ambiente pequeno-burguês de província, médico (profissão que continuou a exercer por toda a sua vida), aproximou-se do socialismo durante a Primeira Guerra Mundial através de seu trabalho nos hospitais de campanha. Nos difíceis anos seguintes, participou como protagonista tanto de lutas armadas como a de Ruhr, quanto de audazes experimentos sociopolíticos como o da controversa comuna de Barkenhoff, fundada no início dos anos de 1920 pelo pintor Vogeler. Estabelecendo-se em seguida em Stuttgart, desenvolveu inúmeras e incansáveis atividades em campo teatral, literário, médico, humanitário e político até 1933, quando, sob a ameaça nazista, conseguiu escapar para a União Soviética pela Suíça e pela França. Membro desde 1928 do KPD, a cujas escolhas culturais aderiu e com as quais contribuiu rigorosamente, assim como da BPRS – Bund proletarisch-revolutionären Schriftsteller (Liga dos Escritores Proletários Revolucionários Alemães), que exerceu um papel fundamental na cultura de esquerda da época, contribuiu com a propaganda e a luta antifascista também do exílio (foi voluntário na Guerra Civil Espanhola e capturado na França, onde permaneceu por alguns meses em um campo de concentração). Quando retornou à Alemanha Oriental, em 1945, foi coberto de honrarias e lhe foram atribuídos cargos oficiais em campo diplomático. Morreu em Berlim em 1953.

Escritor extremamente fecundo e poliédrico, deixou ensaios, romances, fábulas, novelas, além de numerosos dramas[21]. Começou a escrever para o teatro em 1917 com um estilo marcadamente expressionista, mas em 1923, com a criação de sua primeira obra de grande relevância, *Der Arme Konrad*, que tem por argumento as lutas dos camponeses ocorridas no século XVI, demonstra já uma tendência literária que o levará gradualmente ao realismo socialista. Da segunda metade dos anos 1920 em diante, tanto no exílio, como quando retorna à Alemanha, os seus dramas sociais geralmente de fundo histórico ou baseados em acontecimentos da época são bem recebidos pelo público e pela crítica. Através deles, Wolf conduz ousadas e fervorosas batalhas contra o militarismo, o racismo, a opressão das classes subalternas e das mulheres, utilizando-se de uma escritura fortemente didática, clara e eficaz, frequentemente atenuada e animada por cantos e entreatos. Em 1929, suscitou escândalos e processos a obra *Cyankali*, que denunciava a lei contra o aborto e que se tornou também um filme de sucesso; *Die Matrosen von Cattaro*, de 1930, abordava com

---

21 As obras de Wolf estão reunidas em Friedrich Wolf, *Gesammelte Werke*, Berlin/Weimar: Aufbau, 1967, 16 v.

convicção o problema da organização na luta revolucionária; *Professor Mamlock*, de 1935, transferia para a cena o calvário cotidiano dos judeus alemães; *Thomas Münzer*, último drama de 1953, volta com uma consciência marxista madura ao tema da guerra no campo[22].

Wolf se aproximou do teatro de agit-prop em 1928, quando o seu escrito-manifesto *Kunst ist Waffe* (A Arte é um Arma) tornou-se a palavra de ordem dos grupos comunistas. Somente em 1932, entretanto, quando quase todo o agit-prop já havia forçadamente cessado suas atividades ou agia clandestinamente, Wolf formou, a pedido da KPD, a companhia Spieltrupp *Südwest*, que dirigiu durante um ano e para a qual escreveu três peças de agit-prop, nas quais os exegetas saudavam o nascimento do "drama proletário": *Wie stehen die Fronten?*, *Von New York bis Schanghai* e *Bauer Baetz*. Graças ao respeito que Wolf havia conquistado como médico e à qualidade estética dos espetáculos, bem recebidos inclusive pela crítica burguesa, a companhia pôde agir sem problemas até o advento do nazismo.

O nome de Béla Balázs é certamente mais familiar, embora principalmente no âmbito do cinema, no qual é conhecido como um dos primeiros e mais agudos teóricos. Vastíssima foi a sua atividade literária e cultural, abraçando muitos outros campos, dentre eles o teatro[23]. Nascido na Hungria em 1884, filho de professores de origem alemã (o seu nome era na verdade Herbert Bauer), doutor em filosofia, Balázs iniciou exatamente no teatro a sua carreira literária. Dramaturgo jovem e original, com tendências idealistas-simbolistas, obteve reconhecimento e sucesso em Budapeste durante a primeira década do século XX, com dramas que se impunham pela modernidade de sua escritura e pela atualidade das problemáticas tratadas. Membro do círculo cultural de Lukács, de quem era amigo e admirador, e aproximando-se das teorias socialistas nos anos difíceis da guerra, inscreveu-se em 1918 no Partido Comunista húngaro e participou dos eventos da breve e trágica República dos Soviets,

---

22 Existe uma versão italiana de *Thomas Münzer* da Edição Universal Econômica (Milano: 1935).
23 Ver a minha introdução a Béla Balázs, *Scritti di Teatro*, Firenze: La Casa Usher, 1980, em que reconstruo a sua biografia cultural.

onde exerceu o cargo de comissário para o teatro. Condenado à morte pelo governo da restauração, foi obrigado a emigrar para o exílio, que duraria 25 anos. Viveu primeiramente em Viena, onde se interessou por cinema, e após 1926 em Berlim, onde aderiu ao Partido Comunista Alemão, participando de todas as iniciativas e debates culturais de esquerda. Sendo obrigado a fugir mais uma vez, se estabeleceu em Moscou em 1932, onde ocupou uma cátedra na Academia Cinematográfica, até que em 1945 pôde retornar à Hungria. Lá, a sua atormentada história de perseguido político e a sua longa atividade literária tiveram amplo reconhecimento formal e material, turbado por aspectos sombrios e contrastes velados com o poder. Morreu em Budapeste em 1949.

Após os promissores dramas e as apreciadas coletâneas de poesias da juventude, Balázs prosseguiu tenaz e proficuamente a sua atividade crítico-literária, mesmo com as muitas dificuldades que enfrentou no exílio. Reuniu e reelaborou novelas e lendas da cultura popular de seu país, do qual foi um apaixonado estudioso e conhecedor, além de ter escrito fábulas, contos e dramas voltados ao público infantojuvenil, em que experimentou o formato marxista da literatura para a infância. Conhecidos e traduzidos em muitos países são os seus três fundamentais textos de estética cinematográfica; numerosos, perspicazes e polêmicos são, por sua vez, os ensaios de crítica literária. Em campo teatral destaca-se, antes de sua emigração, a colaboração com Béla Bartok como libretista (na ópera *O Castelo do Príncipe Barba Azul* e no balé *O Príncipe de Madeira*), assim como o longo ensaio *A Teoria do Drama*. Neste, Balázs se aproxima do pensamento de Nietzsche e Lukács sobre a origem da tragédia e do drama moderno, introduzindo perspicazes variações pessoais que preanunciam o anticonformismo de suas futuras posições sobre a poética teatral.

Com a sua chegada a Berlim em 1926, passou a fazer parte do grupo teatral operário Die Ketzer (Os Hereges), com o qual colaborou durante todo o período de sua permanência na capital alemã. Como diretor artístico da ATBD, de 1928 a 1930, manifestou seu ponto de vista sobre a função social e política da nova arte do proletariado principalmente através do periódico publicado pela Liga, o *Arbeiterbühne*. Escreveu para o seu grupo numerosas cenas de tipo agit-prop e se dedicou também a criar composições de maior fôlego: em *1871. Die Mauer von Père la Chaise* (1928) reflete sobre os erros táticos ocorridos na luta da Comuna de Paris; em *Menschen auf der Barrikade* (1929) apresenta a luta cotidiana dos homens do Exército Vermelho contra as armadilhas dos inimigos e as dos próprios sentimentos durante a guerra civil; em *Hans Urian geht nacht Brot* (1929), uma "fábula teatral" dedicada aos jovens proletários, encenada muitíssimas vezes com extraordinário sucesso, apresenta, em formato divertido e fantástico, conceitos que de outro modo seriam difíceis de assimilar como capitalismo, exploração, colonialismo etc. O estilo dessas obras é realista e poético ao mesmo tempo, e a intenção didática, que leva Balázs a ressaltar ao máximo os mecanismos de poder que determinam os eventos, não o impede de lançar um olhar sobre a "alma" individual de suas personagens. Em seguida, durante o período moscovita, os seus últimos dramas aderiram com mais rigor à linha do realismo socialista.

No rápido panorama da vida dos dois artistas, saltam aos olhos principalmente as analogias existentes entre os seus percursos, que podem ser percebidas igualmente nas biografias de muitos intelectuais de esquerda ativos naquele período: a juventude artística na esteira das vanguardas históricas, o caminho nem sempre fácil em direção ao empenho político e, enfim, a adesão à ideia comunista e a luta coerente e decidida para afirmá-la também no campo da arte. Mas, para além das aparentes afinidades, o caráter pessoal, a formação cultural e a condição social levam o extrovertido, positivo, afirmado médico Wolf e o introvertido, romântico, desenraizado poeta exilado Balázs a adotar posições fundamentalmente diversas. Para resumi-las bastariam duas claras proposições extrapoladas de seus escritos sobre teatro. Wolf afirma: "No início era, é e se mantém o manuscrito"; Balázs replica: "Antes de tudo há o público, então vem o teatro e somente ao final e muito mais tarde aparece a literatura com os seus textos escritos segundo certas regras".

Estabelecendo contato já em plena maturidade com o teatro de agit-prop, os dois intelectuais o viveram e o interpretaram de modo coerente à própria bagagem ideológica, assumindo posições não alternativas ou diretamente contrastantes, mas dialeticamente coexistentes e interagentes, como pode ocorrer facilmente em um território de fronteira da instituição, em uma terra que ainda é de ninguém, na qual desaguam e são amplificadas as ambiguidades dos processos culturais. Trata-se de duas leituras legítimas e dignas de reflexão: uma delas, a de Wolf, a partir de dentro da Instituição cultural, a partir da Arte, evolucionista-reformista; a outra, de Balázs, a partir dos homens que fazem teatro, das vivências pessoais e coletivas, utópico-revolucionária. No primeiro caso, "o Teatro", escrupulosamente imutável em seus princípios institucionais, modifica adequadamente a sua mensagem, "falando" de política em um contexto que se alarga, envolvendo novos níveis sociais; no segundo, refutando qualquer institucionalização anterior, "*um* teatro" é recriado sobre novas bases, criando novos estatutos que prefiguram uma nova sociedade.

Escrevendo em 1928 o ensaio-manifesto *A Arte é uma Arma*[24], encomendado a ele para o relançamento em chave agit-prop do movimento teatral operário, Wolf se preocupa sobretudo em fornecer uma legitimação cultural à arte de agitação e propaganda, resgatando seus reconhecidos precedentes históricos. "O Poeta como consciência de uma época" é a palavra de ordem que dá forma à dissertação. Sempre que em uma sociedade um forte movimento de massa efetivamente representou uma completa *Weltanschauung* social, os Poetas pegaram suas penas para sustentá-lo e difundi-lo, usando a própria arte como uma arma em defesa da causa comum, afirma Wolf. Se na história é possível encontrar exemplos válidos, é sobretudo na época das guerras dos camponeses ocorridas no século XVI que Wolf reconhece os mais marcantes precedentes históricos do agit-prop que emergiu no século XX: a poesia popular, "qualificada pela intervenção criativa de um poeta", retornava ao povo que se ocupava de sua difusão. Do mesmo modo, os trabalhadores hoje devem liberar-se do temor reverencial pela arte, que não é "caviar" para poucos, mas

---

24 *Kunst ist Waffe!* e *Schöpferische Probleme des Agitproptheaters*, os ensaios aqui considerados, encontram-se no vol. XV (que, juntamente com o vol. XVI, reúne toda a produção de ensaios de Wolf) das já citadas *Gesammelte Werke*.

"pão" para todos. Sendo assim, "vós Poetas, segui adiante com as cenas que um ferreiro, um carregador, um ferroviário, uma lavadeira podem compreender", e "vós Trabalhadores, entrai na Liga do teatro operário!". Que o Poeta, que é "um especialista", forneça textos que nasçam do espírito do movimento do teatro operário e que o operário possa difundi-los, servindo-se como que de uma arma reconquistada. Com esta conclusão, o instituto cultural da atribuição de poderes à criação do artista profissional é plenamente confirmado.

No ensaio historiográfico publicado em Moscou, em 1933, sobre os *Problemas Criativos do Teatro de Agit-prop*, Wolf pontua estes termos gerais, encarando e analisando diretamente o agit-prop como "gênero teatral" no período seguinte ao seu forçado fim. Desse ponto de vista, ele desenha um quadro evolutivo em que, ao reconhecimento dos precedentes históricos, acrescenta a previsão de futuros desenvolvimentos. Ao seu ver, cada classe manifestou em cada momento histórico suas próprias "pequenas formas" do tipo agit-prop. Elas são facilmente reconhecíveis nas antigas representações do carnaval ou nos espetáculos com máscaras e bonecos, mas, até mesmo em Shakespeare, particulares montagens de cenas ou mesmo as figuras dos "fools" derivam das primitivas formas populares transmitidas aos profissionais de teatro. Segundo Wolf, o agit-prop constitui, para o teatro proletário de amanhã, uma "reserva" desse gênero. O proletariado elaborou, até aquele momento, formas simples, mas não privadas de eficácia, e as utilizou como diletante, com boa vontade, mas com absoluta falta de especialização. Muitos são os perigos destas formas rústicas: desde a excessiva brevidade, que frequentemente contrasta com a necessidade de clareza, à excessiva esquematização de tipos e situações, que impossibilita uma investigação aprofundada sobre as motivações, impedindo assim a produção de uma obra racional de persuasão, sobretudo no que diz respeito à classe burguesa. O agit-prop deve, portanto, desenvolver-se dramaturgicamente (e o exemplo foi dado pelo próprio Wolf) em direção a formas de maior fôlego, de maior completude e qualificação artística, que consequentemente precisarão de atores mais preparados, de tempos mais longos de preparação e do trabalho de coordenação de um diretor. Do teatro "criativo autoativo", faz-se necessário dar um salto em direção ao teatro profissional. Não existe, nesse sentido, uma fratura ou uma fronteira intransponível entre o teatro dos diletantes proletários e o teatro proletário profissional; entre os dois "um juízo de valor seria sem sentido, como a pergunta: quem é mais importante, a criança ou o adulto?". No novo teatro do proletariado que os dramaturgos estão criando confluíram naturalmente também os homens e as ideias que o teatro dos diletantes operários soube agregar.

Para Wolf, portanto, o Teatro, apesar da introdução de forças novas em vários níveis, mantém e manterá evidentemente inalterado o seu mecanismo criativo, produtivo e distributivo institucional. Não é difícil compreender como essa interpretação do agit-prop tenha sido aquela adotada oficialmente não somente pelos pesquisadores da Alemanha Oriental e dos países socialistas, mas, em geral, também pela historiografia ocidental. Trata-se de uma visão sólida e coerente, que evidencia "a história dos vencedores de ontem e de hoje" (Benjamin), que ordena e explica, mas fatalmente elimina possibilidades e pulsões subversivas.

Os escritos de Balázs sobre o teatro operário são artigos breves e pontuais, publicados em grande parte no calor dos eventos, geralmente alheios a qualquer pretensão de sistematização. Se Wolf programa e teoriza, Balázs, das barricadas da práxis, comenta eventos particulares, rebate acusações, estimula reflexões; a teoria nasce, assim, indiretamente da crônica e ganha força através da ironia[25].

Fundamento de todo "verdadeiro" teatro é para Balázs a coletividade, um círculo social em que a expressão teatral nasce "espontaneamente" como manifestação da homogeneidade do grupo. No teatro operário (é natural que Balázs lhe dê sempre e somente esse nome, pondo em relevo os homens que o fazem, e que Wolf o chame de agit-prop, ressaltando seu caráter funcional, seu gênero), ele reconhece um fenômeno deste tipo, um novo nascimento "originário" do teatro.

---

25 As observações teóricas que seguem são deduzidas dos artigos: Teatro operaio, Attori-operai, Che cos'è l'arte collettiva? e Teatro per le strade, publicados em *Scritti di Teatro*, p. 99-113.

Os precedentes históricos que Balázs assimila ao teatro operário certamente não podem ser encontrados em eventos específicos e motivos do panorama da história da literatura teatral, que espelha a ideologia burguesa (as personagens mais populares, assim como os "bobos" de Shakespeare, com o seu "humor grosseiro", revelam uma visão "do alto" do autor); dentre os fenômenos de origem comunitária, podem ser considerados o teatro grego antigo, o teatro sacro medieval, a *Commedia dell'Arte*, teatros que não só representam uma *Weltanschauung* comum de uma determinada sociedade, mas são eles mesmos a sua manifestação concreta. Hoje, o proletariado, unido por "*um* sentimento, *um* interesse, *uma* esperança, *uma* vontade, dispõe das circunstâncias e cria uma nova arte".

A arte teatral, portanto, não é assim considerada como domínio dos "especialistas", dos literatos que transmitem nela as velhas regras e depois a concedem ao "público", mas como expressão que nasce do próprio público e somente em seguida poderá ser traduzida e codificada em normas. Balázs faz seu o dito de Wolf "A arte é uma arma", que, em suas mãos, logo trai as intenções do autor. Uma vez que a arte é uma arma preciosa, não deve ser abandonada nas mãos dos profissionais, mercenários que se vendem ao melhor oferente. A arte deve ser empunhada pelo proletariado em luta, que deve aprender a usá-la em primeira pessoa, sem intermediários.

Privadas de qualquer pertinência são, assim, tanto as acusações de diletantismo feitas ao teatro operário, como a relação/oposição diletantismo/profissionalismo usada em relação a ele. Se o teatro operário nasce como expressão direta das necessidades, das tensões e da solidariedade do proletariado, o diletante proletário é o seu único possível criador e executor, pois só ele pode realmente, e com direito, representar a própria classe. Paradoxalmente, o seu diletantismo é a sua única forma possível de profissionalismo, profissionalismo da vida, da sua condição proletária. Consequentemente, as formas simples do teatro de atores-operários são, para Balázs, as mais aderentes ao espírito de seu público, as que podem ser apreciadas de modo mais fácil e imediato. O problema da qualificação artística é menos urgente para um teatro de luta, que exerce uma função puramente comunicativa, e, de qualquer forma, não é através dos dramaturgos profissionais que ele poderá ser resolvido adequadamente. (Condenando os "dramas sociais" burgueses, que distorcem a realidade proletária, Balázs não hesita em citar, dentre outros, o *Cyankali* de Wolf). Pelo contrário, convida os atores-operários a refletir profundamente sobre o problema da arte coletiva, mito de grande parte do teatro político de Weimar, não para encontrar improváveis soluções, mas como reflexão sobre o significado do próprio fazer teatral.

Para Balázs, portanto, não se trata de fazer com que o agit--prop coincida com a ideia de teatro hipostatizada pela cultura, pelo contrário, direciona seus esforços para fazê-lo parecer único e "original" em cada um de seus elementos: o teatro refundado como expressão direta da cultura nova de uma nova sociedade. Entendido como teatro homogêneo e necessário para uma sociedade homogênea e autocriativa (o teatro "originário" do proletariado visto como unânime sociedade comunista), o teatro operário é carregado de emblemáticas tensões éticas e utópicas que irradiam de seu fulcro e motor, o ator-operário, e que constituem o seu mais alto potencial político. Uma vez canceladas as normas e os modelos institucionais, desacreditados os cânones estéticos e culturais, o teatro permanece como o lugar para onde confluem e onde se exprimem as pulsões e as aspirações dos homens que o fazem e que, somente eles, podem instituir os seus critérios de valor.

Embora a interpretação de Balázs revele facilmente as suas mitologias e as suas generosas ambiguidades fundamentais, e mesmo que a sua utopia socioteatral não pudesse se revelar senão historicamente perdedora, ela propõe ao teatro, enquanto instituição, perguntas ainda sem resposta.

Os ensaios sobre o teatro escritos por Wolf entre os anos de 1934 e 1953 são tão numerosos que formam um volume consistente. Problemáticas artísticas da atualidade, assuntos relacionados à política teatral, relatos sobre o teatro feito fora de seu país, mas também recordações de caráter autobiográfico dos anos de Weimar, dos dramas escritos e da situação teatral da época. E ainda assim, em caso algum aparece nessas páginas uma menção ao agit-prop (nem mesmo em um escrito sobre o teatro alemão produzido entre os anos de 1918 e 1934). Somente os textos compostos para o grupo Südwest são às vezes mencionados, separados de seu contexto teatral objetivo, vistos como uma etapa intermediária em seu percurso como dramaturgo. O teatro de agit-prop, em sua realidade concreta, é passado, concluído: para quem o teorizou como "gênero" – e gênero menor – resta somente um modesto elo na longa cadeia evolutiva do teatro. O seu é o tempo histórico, delimitado pelas datas que o definem, tempo de uma experiência profissional concluída e superada, resolvida de uma vez por todas.

Durante os mesmos anos, Balázs se ocupa bem menos de teatro; escreve então algumas peças, mas o cinema o absorve cada vez mais. Em 1949, no entanto, ano de sua morte, Herbert Jhering pede a ele que escreva algumas palavras sobre suas recordações teatrais de Berlim dos anos Vinte[26]. Balázs, então, ignora os seus dramas e fala rapidamente sobre a prestigiosa vanguarda teatral daqueles dias; declara abertamente que a sua recordação mais viva e "sã" era a do trabalho com o teatro operário e fala sobre ele com uma comoção intensa, desafiando o perigo da retórica com honestidade interior de quem "não deixou de amar". Ele conta de maneira viva e em detalhes uma intervenção de rua de seu grupo durante os perigosos dias de "terror policial", os procedimentos adotados para escapar da censura, as longas noites passadas com os companheiros a organizar as iniciativas da ATBD. Recorda "eventos e experiências", que são ao mesmo tempo teatro e vivência, se recusa a separar um do outro e a olhá-los com o juízo do depois: não quer corromper a integridade da memória. O tempo do agit-prop, para quem o viveu como o teatro que queria "mudar o mundo", com o generoso impulso utópico que concretizava no teatro uma qualidade de vida diversa, é presente, ainda e sempre, como o tempo das aspirações e das tensões, das possibilidades não resolvidas que desafiam as certezas.

Madeleine G.: uma pessoa comum que emana arte quando exaltada pelo sono ou uma artista que para produzir arte precisa dormir como uma pessoa comum? E os dançarinos do Monte Verità, colônia de diversos, foram a norma daquela

---

26 Referência ao já citado artigo: Teatro per le strade.

diversidade ou fizeram dela o paroxismo entusiasmado da arte? E os operários do agit-prop, diletantes que treinam para se tornar profissionais ou profissionais do diletantismo?

Três casos, três pares de alternativas (e outras poderiam ser ainda apontadas), por trás dos quais, de forma extrema, mas significativa, revela-se em um contexto de irrepetível transparência a matriz não teatral que, desde sempre, justifica o teatro. Mas o contexto se torna transparente somente quando os casos são isolados da história; é preciso agora restituir a sua consistência histórica, reintegrando-os.

2. Körperseele: **O Corpo-alma**

A redescoberta do corpo esteve nas bases de um vasto e complexo movimento que, a partir do fim do século XIX, atravessou as ideologias e as distinções das modalidades expressivas. Fenômeno transversal e fundador, tantas vezes afastado e removido da reflexão crítica e da análise histórica, tal movimento teve um desenvolvimento consistente nos países de cultura alemã.

Contribuiu de maneira determinante para sua origem o Jugendbewegung (Movimento da Juventude Alemã). Surgido da rebelião dos estudantes burgueses, no final do século XIX, contra os modos de vida estereotipados e sufocantes das cidades criadas por seus pais, então percebidos como sinais de decadência civil e moral, o movimento (de espírito vigorosamente nacionalista) voltou-se para a natureza, na qual reconhecia uma beleza e uma pureza originárias e incontaminadas, capazes de impregnar por contato espíritos e corpos sãos e vitais[1]. Excursões e acampamentos no campo e nas montanhas, exercícios físicos ao ar livre, esportes individuais e de grupo, liberdade no uso dos vestuários e companheirismo nas relações

---

1 Um amor análogo pela natureza regeneradora e pelo associacionismo juvenil na Inglaterra levou ao nascimento e ao florescimento do escotismo (fundado oficialmente em 1907).

foram as primeiras manifestações de uma nova consciência e familiaridade expressas pela juventude alemã em relação ao próprio corpo (assim como o interesse pelo folclore, o amor pelos contos, os cantos, as danças, as festas camponesas, revelavam a necessidade paralela de imersão no *Volk*, no mítico "povo" originário)[2].

Nesse território houve o feliz encontro entre a Jugendbewegung e o mais generalizado e menos claramente circunscrito – do ponto de vista da idade e da condição social de seus participantes – movimento pela Lebensreform, "que buscava um retorno às assim chamadas forças genuínas da vida, a fim de regenerar o homem e a sociedade por meio do vegetarianismo, da recusa ao alcoolismo, do cultivo da saúde ligada à natureza, da reforma agrária e da defesa das cidades-jardim"[3]. A repulsa em relação à metrópole e o retorno à "livre" relação com a natureza se tornaram o símbolo de uma verdadeira cultura da liberação, desafio à moral burguesa da hipocrisia e à política da industrialização que transforma o homem em máquina[4].

O mito neoclássico e intimamente alemão da beleza "olímpica" e da estética "helenística" alimenta a redescoberta do corpo, que se manifestará através de modos e formas marcantes nas primeiras décadas do século XX[5]. Durante esse período se concretiza, em iniciativas de pesquisa e experimentação individuais e coletivas de novos sistemas, normas de vida e educação física, a grande onda da *Körperkultur*, a cultura do

---

2   Sobre o Movimento da Juventude Alemã e a sua relação com a problemática da redescoberta do corpo, ver George L. Mosse, *Sessualità e nazionalismo: Mentalità borghese e rispettabilità*, Roma/Bari: Laterza, 1984. Há nessa obra uma rica bibliografia referida pelo autor sobre essa temática.
3   Ibidem, p. 55.
4   Esclarecedor no que diz respeito aos objetivos e aos caminhos da Lebensreform é seu momento experimental mais radical, ocorrido a partir de 1900 em Monte Verità, próximo de Ascona sobre o Lago Maggiore. Ver AA. VV., *Monte Verità: Antropologia locale come contributo alla riscoperta di una topografia sacrale moderna*, Milano: Electa, 1978, p. 23-36.
5   Sobre o processo de assimilação e difusão na Alemanha de uma estética "helenística", ver G.L. Mosse, *La nazionalizzazione delle masse: Simbolismo político e movimenti di massa in Germania (1822-1933)*, Bologna: Il Mulino, 1975, cap. II. A refundação dos Jogos Olímpicos feita por Coubertin em 1896, com a aprovação de todos os países europeus, pode ser vista como sinal da influência difundida da imagem grega que sugestionou a noção de educação física e de ética esportiva, ambas ainda em formação na época.

corpo que levará a uma verdadeira revolução de mentalidade, dos usos e gostos relacionados à higiene, ao emprego do tempo livre, à educação e à expressão cotidiana e artística. Os primeiros contornos e o início da difusão de tais iniciativas acontecem nos primeiros anos do século XX, quando outras correntes de pensamento contribuíram para o enriquecimento e a caracterização do "caminho alemão" em direção a uma nova formação físico-moral do homem (o modernismo científico e artístico, o relativismo vitalístico de Simmel, o pessimismo cultural de Spengler). Atravessam esse caminho a psicologia e a nascente psicanálise, mas também o interesse por disciplinas exotéricas como a teosofia e a antroposofia e por religiões exóticas e místicas, que propunham uma ligação indissolúvel entre o homem e as forças e ritmos cósmicos, e que perseguiam uma liberação do espírito através da união (obtida por meio de disciplinas também físicas) com transcendências diversamente definidas, mas igualmente universais e imanentes.

O movimento, ação física individual e coletiva, foi visto não só como o modo mais idôneo para conferir ao corpo energia e beleza, mas também como o meio privilegiado de ligação do homem com o movimento universal da natureza, enquanto o ritmo, elemento regulador e harmonizador do movimento com o cosmos, tornou-se a base de qualquer atividade física organizada. Contemporaneamente, o gesto, entendido como manifestação física do movimento, em função da conexão direta que adquire cada vez mais com a dimensão interior do homem, tornou-se revelador sensível de pulsões e significados ocultos, carregado de uma "expressividade" reveladora da harmonia resgatada do indivíduo consigo mesmo e com o cosmos. Saúde e beleza do corpo passaram, assim, a ser reconhecidos como aspectos indissociáveis da ideia de ordem e harmonia nos traços e nos movimentos; ordem e harmonia física estreitamente ligadas, por sua vez, às suas correspondentes qualidades morais e intelectuais, que deveriam ser alcançadas conjuntamente com as qualidades do corpo.

À base de tudo isso existia a convicção filosófico-pedagógica de que beleza, harmonia e ordem são qualidades primárias presentes na natureza e, portanto, também no ser humano, que pode, assim, ser posto em condição de reconquistá-las, eliminando, a partir de princípios formativos novos e idôneos[6], as repressões geradas por uma educação social equivocada. A atitude recente, surgida no século XX, de relativização das ideias, de questionamento em relação aos sistemas dominantes a fim de propor alternativas, juntamente com a profunda consciência nacionalista que via no *Volk* e na promoção do renascimento de sua força e de sua virtude racial o futuro da Alemanha, prepararam um terreno especulativo e experimental acolhedor, no qual esses princípios puderam rapidamente vingar em teoria e prática pedagógica e estética.

Como primeiro resultado geral das várias contribuições consideradas até agora nota-se, a partir do início do século XX, uma progressiva transmutação do conceito de exercitação corpórea, em termos recreativos e de formação, para aquele de "cultura do corpo" (*Körperkultur*). Até então, os métodos de ginástica praticados – o nacional "método alemão", severo e marcial, predominava em relação ao mais dinâmico e esportivo "sistema sueco" – exigiam um treinamento físico baseado em exercícios formalmente predeterminados e tinham como finalidade principal o fortalecimento, a disciplina muscular e o alcance de uma eficiência física concernente a uma esfera puramente "orgânica". Daquele momento em diante, os novos e diversos métodos de ginástica buscaram um desenvolvimento harmônico entre corpo e psique, através de exercícios rítmicos, frequentemente muito livres e individualizados, fundamentados no conhecimento das leis naturais do movimento no corpo humano e em sua aplicação, que terão muitas vezes desdobramentos "artísticos". Trata-se, antecipando as palavras de uma das mais conhecidas personalidades da ginástica formativa da época, Bess Mensendieck, não mais de "corrigir a natureza", mas de "escolher o que há de belo da natureza no corpo de cada um"[7], e de levá-lo ao seu completo amadurecimento.

E será exatamente a pesquisa do "belo", através da valorização da "graça" e da beleza no movimento, juntamente com a

---

6 Cabe lembrar algumas referências importantes do pensamento pedagógico do século XIX nos países centro-europeus, desde Pestalozzi até Fröbel e Herbart, que abriram caminho para uma concepção experimental de pedagogia.
7 Bess Mensendieck, *Anmut der Bewegung in täglichen Leben*, München: F. Bruckmann, 1929, p. 147.

importância dada à expressividade, a determinar a destinação prevalentemente feminina das novas disciplinas de formação física. Se por um lado, de fato, em termos de *communis opinio*, era obviamente a mulher a considerada portadora ou destinatária de qualidades como graça e beleza, por outro, em termos eruditos, os estudos sobre a histeria feitos por Charcot e Freud, que haviam contribuído para o reconhecimento da liberação expressiva do inconsciente como forma terapêutica, restauradora do equilíbrio interior, e portanto, legitimando a expressão do movimento do ponto de vista da formação, ambos, haviam indicado a mulher como sujeito "histérico" por excelência e, desse modo, naturalmente propenso (e necessitado) a manifestar emoções e sentimentos mais livremente que o homem. É preciso também levar em conta a situação social da mulher na Alemanha da época, que a via como destinada à maternidade e ao matrimônio, reconhecida e cristalizada em sua função de administradora do lar: a saúde, a graça e o equilíbrio psicológico, que lhe eram oferecidos pela cultura do corpo, podiam ser considerados enriquecimentos preciosos e funcionais ao sistema, instrumentos de uma emancipação controlada, e todavia, gratificante, voltada a fazer dela uma companheira mais agradável e uma procriadora mais sã[8]. Já no universo masculino estava enraizado um conceito de virilidade rude e camarada, que suspeitava e temia qualquer fraqueza ou moleza, e que, embora combinasse bem com os modelos estéticos das estátuas gregas exatamente porque perseguia a sua atitude impassível, aparentemente destituída das turbulências do sexo e das paixões, dificilmente podia ser condescendente com práticas que exigiam uma entrega ao ritmo e à expressividade livre[9].

Foi assim que a mulher passou a ser a destinatária privilegiada da grande reforma rítmico-educativa da *Körperkultur*[10],

8   Ver o capítulo IV, Che tipo di donna?, do já citado *Sessualità e nazionalismo*, de Mosse; mas para entrar em contato com essa interpretação é suficiente ler as partes introdutórias de muitos textos existentes sobre a formação física da mulher citados mais adiante.
9   A educação corporal masculina é em geral claramente separada daquela feminina, tem referências e textos diversos; somente o advento da dança em campo educacional tentará restabelecer ao menos parcialmente uma unidade pedagógica.
10 Um testemunho italiano, Giuseppe Antonio Borgese, nos faz intuir em suas anotações de viagem o quanto as práticas rítmicas e de dança já eram difundidas

e que o homem assumiu e geriu os aspectos ligados ao esporte e às manifestações coletivas de caráter laico e militar, em que o movimento coral e o sentido do ritmo e do espaço assumiam um caráter de grande peso, mas as formas do movimento se organizavam em esquemas rigidamente abstratos e racionais.

Entretanto, a cultura física em sua complexidade não conheceu distinções de caráter ideológico e de classe em sua difusão, ao menos em parte. A redescoberta e a educação do corpo, juntamente com as atividades físicas e com as formas estéticas a elas ligadas, passaram a ser assumidas e praticadas não somente pela juventude burguesa, como também pelas organizações de trabalhadores e de jovens proletários. Na segunda década do século xx, saúde e desempenho físico, vistos como expressão de superioridade também moral, serão cultivados tanto pelos partidos de esquerda, como um meio de preparação e afirmação da classe operária, quanto pelo nacional-socialismo, que através deles sustentará primeiramente as próprias crenças nacionalistas e, em seguida, o próprio mito de superioridade racial.

Também contribuíram para a definição dos princípios da *Körperkultur* e para a sua tradução em práticas pedagógicas – frequentemente de modo determinante – teorias, experimentações e pessoas provenientes de territórios (de pensamento e de ação) teatrais e, particularmente no que diz respeito à pesquisa de campo, do âmbito da dança, arte privilegiada do corpo

no inverno de 1907-1908. No capítulo I saturnali delle signore perbene, ele descreve os saraus berlinenses: "A América nos ensina a bailar [...] os americanos divulgaram a dança individual, o baile mímico, que são dançados já ao ritmo das rapsódias húngaras de Lizst, e um dia ou outro se dançará a Nona Sinfonia de Beethoven com toda a orquestra. A canadense Maud Allan se apresentou em Berlim antes que em Londres [...] Mas a Maud é também uma aluna; a grande mestre, também americana, é Isadora Duncan, uma ágil e nervosa dançarina que influenciará a sua época mais do que muitos homens de Estado... Em Berlim floresce já uma Isadora Duncan Tanz-Schule; e as primeiras sacerdotisas da nova religião foram aqui coroadas de aplausos e elogios: Ruth Saint-Denis, Rita Sacchetto (uma cidadã muniquense de sangue italiano), Irene Sanders e muitas outras. Em um grande baile beneficente em favor dos órfãos, confrontaram-se dançando as bailarinas de ópera da velha escola, com *tutu* e meia-calça, e as bailarinas mímicas da nova escola, sem saia e meia-calça, vestidas com muitas pérolas falsas e com a sua pureza, que talvez seja verdadeira" (*La nuova Germania*, Milano: Treves, 1917, p. 21-22).

humano. Distinguir com clareza as várias contribuições provenientes do teatro à rede de influxos e sugestões que estimula os defensores, artífices e intérpretes da cultura do corpo é uma tarefa árdua em função da fusão das disciplinas artísticas com as formativas, aspecto que caracterizou todo o movimento. É possível reconhecer, todavia, algumas influências mais evidentes, mais frequentemente mencionadas nos escritos da época, e que permeiam com clareza teoria e prática.

Dois influxos teóricos foram particularmente determinantes nas origens das escolhas especulativas e experimentais da nascente *Körperkultur*: aquele de uma corrente estética ideal, que parte de Schopenhauer e une Wagner e Nietzsche (e que verá em Adolphe Appia e em Georg Fuchs seus êxitos teóricos mais extremos e influentes) e o do francês François Delsarte (1811-1871) e de seu "sistema de estética aplicada". Dos primeiros se extraiu, principalmente, a ideia da prioridade da música (e, portanto, do ritmo) em campo estético e da sua qualidade de inspiradora primeira das artes do homem no tempo e no espaço; a releitura, do ponto de vista da gênese criativa do mito grego, encarnada na definição propositiva do princípio dionisíaco, que exalta a embriaguez e a fusão mística do artista no ato criativo; a exaltação da subjetividade do indivíduo e de suas qualidades intrínsecas[11]. Do segundo derivam a aplicação em campo artístico da concepção unitária e "trinitária" do homem, que permite ao corpo adquirir uma dignidade comparável àquela atribuída ao intelecto e à alma; a ideia da conexão íntima e necessária de cada movimento exterior com um análogo movimento interior que determina a sua expressividade; a enunciação das leis "naturais" do movimento (e, portanto, da expressão humana) indutivamente demonstráveis e conscientemente aplicáveis. Esses princípios fundamentais serão utilizados como base de inúmeras pesquisas; a partir deles, métodos criativos e escolas de formação serão desenvolvidos.

Se Wagner e Nietzsche já pertenciam intimamente à bagagem cultural da nação alemã, Delsarte, vindo de fora, foi introduzido na Alemanha e logo assimilado de maneira original e

---

[11] Pode-se fazer referência de maneira particular à visão wagneriana da arte descrita em *A Obra de Arte do Futuro*, assim como a Nietzsche em *O Nascimento da Tragédia* e *Assim Falou Zaratustra*.

com modificações substanciais. Sentia-se, de fato, a ressonância advinda dos Estados Unidos, onde o "delsartismo" divulgado durante as décadas de 1870 e 1880 por Steele MacKaye[12], discípulo predileto do mestre francês, havia modificado o gosto e o comportamento dos americanos no que diz respeito à estética do corpo e da expressão; o conhecimento de Delsarte se difundiu primeiramente através do livro de Genevieve Stebbins, intitulado *Delsarte System of Expression*, cuja primeira edição data de 1885[13]. O livro, além de detalhar minuciosamente o sistema de expressão de Delsarte e a "ginástica harmônica" de seus alunos americanos (Stebbins foi a principal colaboradora de MacKaye na transposição para método pedagógico generalizado dos exercícios elaborados inicialmente somente para atores), contém o mais completo discurso teórico deixado por Delsarte, uma palestra dada na Associação Filotécnica de Paris em 1858 sobre a sua "Estética Aplicada"[14]. A partir deste material, juntamente com os princípios gerais já recordados e que essencialmente aprofundam a concepção expressiva do movimento cotidiano e teatral (alma, intelecto e corpo em suas interações e interdependências), foram difundidos alguns conhecimentos importantes, teórico-experimentais básicos, que permitiam o aprofundamento prático das dinâmicas físicas e fisiológicas em nível pré-expressivo.

Em primeiro lugar, a definição de leis "naturais" do movimento que eram reconhecidas no *paralelismo* (ou equilíbrio harmônico), na *oposição* e na *sucessão* dos vetores de energia, que derivavam diretamente de Delsarte, seguida pela identificação dos três elementos primários sobre os quais fundar a educação do corpo: a respiração, o relaxamento e as tensões musculares,

---

12 J.M. Steele MacKaye (1842-1894) foi um ator singular, dramaturgo e inovador da cenotécnica teatral americana. Após os estudos feitos em Paris com Delsarte (1868-1869) fundou na cidade de Nova York a primeira escola de atuação dos Estados Unidos formulada segundo os princípios de seu mestre. Sobre Delsarte, suas teorias e a sua difusão americana, ver as notas inseridas neste capítulo, que remetem a uma bibliografia específica.
13 New York: E.S. Werner. Sucessivamente revisto e ampliado pela autora até a sua sexta edição de 1902. Uma nova edição foi publicada pela Dance Horizons em 1977.
14 *Delsarte's Address Before the Philotechnic Society of Paris*, p. 21-68. A tradução inglesa reproduz fielmente o texto em francês da conferência "Esthétique appliquée", publicada em *Conferénces de l'Association Philotechnique*, 1856, p. 89-139.

de derivação mais especificamente delsartista. Fundamentos, todos, que passarão inalterados para a ginástica e a dança alemãs, amalgamando-se e enriquecendo-se com a atenção ao ritmo, a relação com o espaço e com a tendência à coralidade dinâmica, características dos experimentalistas alemães.

Junto a essas abordagens teóricas substanciais, cabe, enfim, lembrar o influxo sutil, mas potente, dificilmente definível ou quantificável e ao mesmo tempo sugestivamente presente não somente em âmbito artístico, de alguns eventos teatrais do início do século XX que abalaram a crítica e a opinião pública e abriram caminho para inexploradas potencialidades do movimento. Foram protagonistas principais desses eventos três dançarinas muito diferentes entre si, mas que, de modos diversos, pareceram concretizar aspirações e tensões presentes no contexto da época.

Em 1902-1903, Isadora Duncan fez a sua primeira turnê pela Alemanha atravessando-a com a violência de um ciclone, suscitando por toda parte escândalos e entusiasmo. A ruptura total com os cânones acadêmicos da dança, a reivindicação de absoluta liberdade e "naturalidade" do movimento, a sua imagem "grega" viva, preenchida de carne e sangue, a sua utilização livre da grande música clássica vista como inspiradora da dança e de seus conteúdos emotivos permanecerão como referências para as discussões teóricas e aplicações práticas pelas décadas seguintes[15].

Em 1904, Madeleine G. fez uma série de demonstrações nas principais cidades alemãs, um dos "casos" já examinados. As inumeráveis intervenções científicas, filosóficas e crítico-artísticas sobre ela tiveram como efeito colocar em primeiro plano as potencialidades estéticas do corpo humano liberado dos condicionamentos da razão e da sociedade e exaltar a manifestação direta do sentir profundo (da alma, e, portanto, do inconsciente) através da expressão exterior[16].

Enfim, nos mesmos anos, mas ainda antes, Loïe Fuller, americana que vivia na Europa, obteve um vasto reconhecimento

---

15 Reciprocamente, a atmosfera alemã agiu certamente num sentido maiêutico sobre Duncan, que naquele momento iniciava a definir a sua prática e a publicar o seu primeiro intervento poético-programático *The Dance of Future* [1903], *The Art of the Dance*, New York: Theatre Arts Monthly, 1928.
16 Ver supra, p. 1-15.

no *music-hall* com a sua dança feita com amplos véus agitados no ar e transformados em movimento e cor através do uso habilidoso da iluminação. A sua "dança da luz", ainda que em nível de sugestão estética, impôs a ideia de movimento como criador-animador do espaço e fonte de beleza e emoção[17].

Sugestões e experimentações teatrais que incidem no social através de teorias e técnicas de formação física, assim como correntes de pensamento, necessidades e utopias amplamente difundidas no contexto social que apontam percursos de pesquisa teatral: elemento característico da *Körperkultur* – e estímulo em sintonia com o nosso interesse – é a relação inusual, a troca consciente, contínua e recíproca de experiências entre a pesquisa pedagógica e a teatral, entre técnicas de formação de atores-dançarinos e técnicas de formação do indivíduo. Será difícil distinguir, nesses anos, as escolas, métodos e laboratórios de dança dos de ginástica, e os direcionados genericamente a todos daqueles voltados à nova profissionalização de atores e dançarinos. Frequentemente veremos estes estudarem e se exercitarem juntamente com as crianças, ou veremos crianças e jovens utilizarem, para a própria formação, técnicas de origem teatral. A sociedade pensa os seus novos instrumentos pedagógicos, e o teatro, em sua recusa da instituição e em sua busca de um sentido não somente estético para além de suas próprias fronteiras[18], parece destinado a ser o seu lugar experimental privilegiado: se apropria desses instrumentos, frequentemente os supera e os antecipa, leva-os às últimas consequências e, enfim, devolve-os, testados, e como que filtrados, ao social, retendo deles seu fermento mais ativo, que o regenera e o modifica.

"Levantai vossos corações, meus irmãos, bem alto, mais alto! E sem esquecer-vos das pernas! Levantai também as

---

17 Sobre Loïe Fuller, além da autobiografia *Quinze ans de ma vie* (1908) mais conhecida em sua versão inglesa *Fifteen Years of a Dancer's Life* (1913), vale mencionar também S.R. Sommer, Loïe Fuller, *The Drama Review* n. 65, mar. 1975; e G. Morris, La Loïe, *Dance Magazine*, ago. 1977. Antes de 1910, apresentaram-se com sucesso controverso na Alemanha também Maud Allan e Ruth Saint-Denis, pioneiras da dança americana.

18 Sobre os percursos centrífugos da pesquisa teatral de início do século à pesquisa de um teatro "more than theatre", ver Fabrizio Cruciani, *Teatro nel Novecento. Revisti pedagoghi e comunità teatrali nel xx secolo*, Firenze: Sansoni, 1985.

pernas, ó exímios dançarinos; e, ainda melhor: ponde-vos de pernas para o ar!"* Sob essa exortação, que Nietzsche coloca nos lábios de seu Zaratustra, inicia-se a era do corpo reencontrado. Reconstruir em linhas gerais o desenvolvimento teórico e prático da *Körperkultur*, passando em uma revista essencial pessoas, eventos e métodos educativos e artísticos, exige um direcionamento difícil: impõe a nível teórico repetidas passagens de perspectiva do cotidiano à arte, da formação à criação, da pedagogia ao teatro, sem poder nunca anular completamente a margem de incerteza e de sobreposição que entrelaça esses vários níveis; do mesmo modo, em campo prático, obriga a considerar o inusitado fervor ginástico daquele período, que vê um florescimento excepcional de escolas caracterizadas por uma embaraçosa, mas profícua confusão e mistura entre higiene e estética, entre ginástica e dança, entre "sistemas", "métodos", criadores, seguidores, imitadores, opositores e assim por diante.

Em 1926, Fritz Böhme, talvez o crítico e estudioso da época mais sensível aos problemas da arte do movimento, proporá *a posteriori*, percorrendo a história da dança moderna, um critério básico para distinguir entre escolas e métodos de ginástica e de dança[19], reconhecendo as primeiras por seu objetivo de uma formação puramente orgânica do aluno, pela maior formalização e estatismo dos exercícios utilizados e pelo seu menor ou inexistente interesse pelos elementos estético-expressivos. Mas se uma discriminação desse gênero responde bem a critérios puramente intuitivos e pode ser substancialmente aceita, ela adquire consistência a partir de uma situação mais madura e clara como a ocorrida durante os anos de 1920, e só forçosamente pode ser projetada para trás no tempo a fim de enquadrar uma realidade fluida e frequentemente indistinta como a das primeiras décadas do século XX, que por sua vez, justamente por ser uma espécie de cadinho em que ganham forma as ideias, é para nós a mais interessante a ser indagada. Nesse contexto, em que experiências novas amadurecem

---

* Em italiano no original. Para evitar uma tradução indireta, citamos aqui trecho da tradução brasileira de *Assim Falou Zaratustra* feita por Mário da Silva, publicada pela Civilização Brasileira: Rio de Janeiro, 2011, p. 344. (N. da T.)

19 *Tanzkunst*, Dessau: Dünnhaupt.

dia após dia, a margem de incerteza é alta e, portanto, uma categorização forçada das experiências gera o risco de diluir a sua carga polivalente de vitalidade e o seu sentido complexo e integral. Do mesmo modo, para captar tal sentido é pouco útil detalhar a história dos métodos e escolas segundo a sua aparição cronológica, pois os entrelaçamentos e linhas de filiação e parentesco confundiriam e ocultariam o fio da meada do pensamento que as anima.

Em contrapartida, é também verdade que os métodos e as escolas recém-nascidas logo se enfrentam com poderosos golpes de tratados e manuais com a intenção de afirmar a própria originalidade e inimitabilidade, além de evidenciar diversidades teóricas que, a certa distância, revelam-se frequentemente pouco substanciais. Muitas vezes, de fato, esses textos que se multiplicam progressivamente, embora tomando distância uns dos outros em ressentidos prefácios, após a leitura terminam parecendo quase gêmeos: as terminologias são praticamente iguais, ainda que utilizadas com diferentes matizes de significado; muito semelhantes são as longas sequências de exercícios, que, em boa parte das vezes se distinguem, se analisados com cuidado, por variações rítmicas mínimas; e, enfim, são aparentemente idênticas, ao menos durante os primeiros quinze anos, as incontáveis imagens fotográficas presentes nos textos publicados. Nelas, meninas, que a técnica e a convenção fotográfica da época nos fazem parecer irmãs, vestidas com túnicas à moda grega ou com pudicos e amplos trajes de banho, são retratadas em posições aparentemente estáticas e amaneiradas, permeadas por uma graça *démodée*, que são geralmente definidas como altamente dinâmicas e expressivas e polemicamente confrontadas entre si e diferenciadas como sendo "boas" e "más", sem que os nossos olhos consigam captar a razão de tal distinção. (Teremos que esperar, na realidade, o desenvolvimento da fotografia instantânea e a difusão do nudismo ou de vestimentas mais justas, utilizadas na ginástica e na dança, além do desenvolvimento preciso das técnicas, para que os aparatos iconográficos comecem a adquirir um valor documental discriminante.)

Com o objetivo de fazer referências às diversas correntes, buscando evitar tanto esquematizações rígidas quanto diferenciações sofísticas, analisaremos sobretudo os níveis projetuais, tentando reproduzir a densidade do conjunto, mas dando espaço somente para as experiências iniciais claramente diferenciadas, através das quais emergirão os percursos mais conhecidos, acompanhados de seus tecidos de influências e contaminações.

Nos anos de 1910 desenvolveram-se praticamente ao mesmo tempo duas escolas que têm estreito parentesco com o delsartismo americano de Genevieve Stebbins, que, assimilado e reelaborado, se enraíza solidamente na Alemanha, sobretudo no âmbito da *Körperbildung* (formação física) feminina: a guiada por Bess Mensendieck e a fundada por Hade Kallmeyer.

Ambas ótimas conhecedoras dos métodos da ginástica feminina introduzidos nas escolas americanas no final do século XIX, em particular a "ginástica harmônica" de Stebbins, da qual foram alunas nos Estados Unidos, Mensendieck e Kallmeyer se diferenciam substancialmente pela atitude através da qual definem seus métodos: a primeira mais atenta a um desenvolvimento físico harmônico apoiado em bases médico--higiênicas, e a segunda mais interessada em uma formação física com finalidades artísticas.

O "sistema Mensendieck", que difundirá primeiramente na Alemanha o princípio da *Körperkultur der Frau*, ou seja, da educação física da mulher (é esse o título do mais importante texto teórico-prático sobre o "sistema", que teve ao menos nove edições desde 1906)[20], tem como base a palavra de ordem "força e beleza do corpo", na qual a segunda qualidade é vista como derivada da aquisição da primeira. A doutora em medicina Mensendieck, que admite o conhecimento do método Stebbins, mas ao mesmo tempo toma distância dele, é, de fato, crítica em relação à excessiva busca da "graça", ou ao menos ao excessivo destaque dado a essa busca que, ao seu ver, está presente nos métodos delsartistas, assim como demonstra desconfiança em relação ao "indigerível tempero metafísico",

20 B. Mensendieck, *Körperkultur der Frau*, München: Bruckmann, 1906 (9. ed., 1925). Da mesma autora, além desse texto traduzido em várias línguas e do já citado *Anmut der Bewegung im täglichen Leben*, cabe acrescentar ao menos o manual *Funktionelles Frauenturnen*, München: Bruckmann, 1923.

que torna pesadas as publicações e o trabalho dos seguidores americanos e alemães de Delsarte[21]. Concebido solidamente sobre o território da prática e apoiado na anatomia e na fisiologia, o seu método é composto por uma série progressiva de exercícios, prevalentemente estáticos, de fortalecimento da musculatura, de impostação da respiração e que buscam uma dinâmica solta e corretiva, permeados por normas higiênicas relacionadas à limpeza, à ordem e aos hábitos pessoais de vida. É interessante notar, a propósito, que esse será o primeiro método organizado que propõe, por volta dos anos de 1910, uma quase total liberdade no que diz respeito às vestimentas femininas, lutando contra corpetes e outras peças utilizadas no vestuário cotidiano da época e encorajando a completa nudez na prática dos exercícios físicos.

Trata-se, como a sua criadora esclarece, de uma "ginástica funcional", estudada especialmente e exclusivamente para a educação física da mulher (da mulher alemã em particular), ao contrário de outras que se voltaram, ao menos intencionalmente, aos dois sexos, e buscava revalorizar a importância do corpo feminino em uma cultura que parecia privilegiar somente a formação da mente. O seu objetivo era formar mulheres sãs e belas, que pudessem cumprir da melhor maneira possível as suas funções de futuras esposas e mães, sem necessariamente "comprometer a forma de seus corpos, o valor de seus corpos", em perfeita sintonia com a visão dominante sobre o papel da mulher, à qual não só se adequava, como também conseguia reforçar e divulgar. No final da introdução de seu manual (o mais conhecido de seus textos e talvez de todos aqueles dessa temática) Mensendieck chega a propor a "luta pela beleza" através da educação física como "um dever em relação à raça"[22].

Essa impostação "funcional" da educação física da mulher se tornará, compreensivelmente, tanto do ponto de vista físico quanto ideológico, a mais difusa e institucionalmente

---

21 Ver *Körperkultur der Frau*, p. 11-14. Não obstante a sua atitude crítica, Mensendieck é sempre lembrada nos repertórios e nas histórias da ginástica e da dança como aquela que aplicou o sistema de Delsarte na ginástica feminina na Europa.
22 Ibidem, p. 8.

reconhecida em âmbito escolar e esportivo, e constituirá o eixo da ginástica feminina praticada durante o terceiro Reich. Os textos da higienista Mensendieck se tornarão referências fundamentais da cultura física e a sua escola se propagará rapidamente em toda a Europa, com associações importantes na Holanda (que mais tarde se tornará o principal centro do "sistema"), Áustria, Suíça, Dinamarca, e até nos Estados Unidos, lugar de origem de sua inspiração[23].

Ao contrário da Mensendieck, Hade Kallmeyer tem orgulho de explicitamente se declarar, em seu manual de "ginástica harmônica" publicado em 1910[24], influenciada por Stebbins e de ser sua seguidora, apropriando-se fielmente de princípios e técnicas e até mesmo do nome da disciplina proposta por ela.

Os meus objetivos – declara na introdução – são brevemente os seguintes: A: desenvolvimento harmônico dos corpos femininos e masculinos e educação para a beleza do movimento; B: treinamento do corpo como instrumento da expressão: 1. na vida cotidiana, 2. para a cena, 3. para a representação plástica de impressões musicais.[25]

Essa declaração de intenções esclarece suficientemente a atenção da autora para com a expressão estética através do movimento do corpo e, portanto, para uma formação que privilegia a beleza como espelho harmônico exterior da sensibilidade interna, relacionada com a força puramente física. Em sintonia com as disciplinas delsartistas, o "sistema Kallmeyer" é composto por uma série de exercícios harmônicos e constantemente dinâmicos em que a respiração, a tensão e o relaxamento muscular são exercitados seguindo as três leis "naturais" do movimento corporal: equilíbrio, oposição e sucessão; estes são acompanhados

---

23 A ginástica feminina alemã influenciou profundamente também a educação física italiana, introduzida e propagandeada pelo fascismo nas escolas e nas associações juvenis. Ao ler os manuais de ginástica dos anos de 1930 – por exemplo, aqueles publicados pela Hoepli, editora que publicou também a tradução italiana de Jaques-Dalcroze – vê-se como a bibliografia privilegiava sempre os textos da Mensendieck e como as imagens e as tabelas de exercícios apresentavam sequências e posturas de evidente derivação alemã.
24 *Harmonische Gymnastik: System Kallmeyer*, Berlin: Kulturverlag.
25 Ibidem, p. 3-4. Sobre essas bases, Kallmeyer polemiza com a "calistênica" inglesa, uma disciplina rítmica feminina desenvolvida contemporaneamente na Inglaterra, que considera afetada e grotesca em sua convencionalidade e dissociada das normas naturais da graça do movimento (ibidem, p. 181-184).

por exercícios expressivos, que consistem substancialmente na tradução dinâmica de sentimentos particulares e de estados de ânimo frequentemente estimulados e guiados pela escuta de peças musicais. Como fundamento e suporte do método todo, a teoria "filosófica" de Delsarte: a triplicidade do ser humano, a dinâmica das relações entre corpo, alma e espírito, a supremacia do "gesto" como "agente direto" do sentimento.

Esse é o primeiro protótipo europeu documentado por um tratado dentre muitos outros futuros métodos de educação corporal que, de maneira ambígua, se colocam entre a ginástica e a dança, entre educação física, estética e espiritual, e que se propõem e se impõem exatamente em função de sua declaração de completude pedagógica voltada sobretudo para a formação de crianças e adolescentes. A escola de Kallmeyer – assim como aquela semelhante dirigida no mesmo período por Elisabeth Duncan, irmã de Isadora, e muitas outras que delas surgiram[26] – constituíram, em pouco tempo, uma rede de institutos privados considerados essenciais em termos propedêuticos inclusive para os jovens (ainda que sobretudo para meninas) que pretendiam iniciar mais tarde o estudo da dança e das disciplinas teatrais.

Se a ginástica "funcional" de Mensedieck age claramente no social, e a "harmônica" de Kallmeyer estabelece somente relações mediadas com a expressão artística, a "rítmica" de Émile Jaques-Dalcroze, surgida no âmbito da pedagogia infantil, e a "dança livre" de Rudolf von Laban, fruto da pesquisa artística, exercerão também uma determinante influência no teatro de sua época.

Vienense de nascimento, suíço de nacionalidade, com uma formação desenvolvida em Genebra, Paris e Viena, além de experiências juvenis com o teatro, Émile Jaques-Dalcroze (1865--1950)[27] surge como músico, compositor de canções e sonatas frequentemente dedicadas ao universo infantil. Sua vocação se

---

26 Cabe recordar ao menos a escola fundada por Dora Menzler e aquela de Loheland.
27 Émile Jaques assume o sobrenome Dalcroze como nome artístico para a publicação de obras musicais. Sobre sua atividade em geral, além da bibliografia mais adiante indicada, ver a coletânea em AA. VV., *Émile Jaques-Dalcroze: L'Homme, le compositeur, le créateur de la rhytmique*, Neuchâtel: La Baconnière, 1965, o qual inclui uma ampla bibliografia.

revela bem cedo como prevalentemente pedagógica; professor do conservatório de Genebra a partir de 1892, o seu interesse se volta imediatamente à pesquisa dos melhores métodos para desenvolver o senso rítmico e a musicalidade nas crianças, cujo aprendizado da música a partir dos sistemas tradicionais lhe parece forçado e lento. Assim, aos poucos, toma forma a sua ideia de "rítmica", disciplina pedagógica que, para educar para a música, envolve não somente o ouvido, mas o corpo inteiro do aluno. Em 1898, o seu pensamento deve ainda encontrar um caminho consciente de atuação prática, mas já é suficientemente definido e traz em si claramente a lição delsartiana aprendida na França (e que nele permanecerá viva e consciente):

> Eis-me a sonhar com uma educação musical em que o corpo teria a função de intermediário entre os sons e o nosso pensamento, tornando--se assim o instrumento direto dos nossos sentimentos. [...] A criança, portanto, na escola, não aprenderia somente a cantar e a escutar com precisão e no andamento certo, mas também a *mover-se* e a pensar claramente e com ritmo. Iniciar-se-ia com a regulação do mecanismo do passo, e os movimentos vocais seriam ligados com os gestos do corpo inteiro; seria, portanto, ao mesmo tempo, uma instrução rítmica e uma educação por meio do ritmo.[28]

Em 1904, os primeiros elementos de sua ginástica baseada na tradução física dos ritmos musicais terão já sido definidos e experimentados, e Dalcroze iniciará uma longa série de conferências e de demonstrações do próprio método que o tornará em pouco tempo conhecido em toda a Europa.

Da primitiva série de exercícios rítmicos executados com braços e pernas para favorecer a afinação do "ouvido interior" das crianças e a sua "tomada de consciência rítmica" através do "senso rítmico muscular" até desembocar no "sentimento estético, gerador da emoção", ele passa a elaborar um verdadeiro sistema pedagógico completo, a "eurítmica", que será aperfeiçoada no início dos anos de 1920. Baseada no ritmo e na métrica musical, ela se propõe a "desenvolver o sentimento musical (no sentido grego da palavra) em todo o organismo; criar o senso

---

28 *Ritmo-musica-educazione*, Milano: Hoepli, 1925, p. 8-9. Este volume é a tradução italiana do texto homônimo publicado em francês em 1920 e em alemão em 1921, e que reúne os ensaios escritos por Dalcroze entre 1898 e 1919.

de ordem e de equilíbrio, após ter despertado todos os instintos motores; desenvolver as faculdades da imaginação"[29].

O ritmo é, portanto, o fundamento de todo o seu método pedagógico:

1. O ritmo é movimento. 2. O movimento é essencialmente físico. 3. Cada movimento exige espaço e tempo. 4. A experiência física forma a consciência musical. 5. O aperfeiçoamento dos meios físicos tem como consequência a clareza da percepção. 6. O aperfeiçoamento dos movimentos no tempo assegura a consciência do ritmo musical. 7. O aperfeiçoamento dos movimentos no espaço assegura a consciência do ritmo plástico. 8. O aperfeiçoamento dos movimentos no tempo e no espaço pode ser adquirido com exercícios de ginástica chamada rítmica.[30]

A "ginástica rítmica" será o instrumento principal para transformar o ritmo em movimento consciente, para obter "o desenvolvimento dos instintos rítmicos e métricos, do senso de harmonia plástica, do equilíbrio dos movimentos e para a regulação dos hábitos de movimento", ou seja, para desenvolver tanto "o senso de ritmo musical" quanto "o senso de ritmo plástico", a fim de obter assim "o aperfeiçoamento da força e da elasticidade dos músculos em proporção ao tempo e ao espaço (música e plástica)"[31]. O modelo estético é ainda, e mais do que nunca, o grego; é a mítica "orchestica" que, segundo Dalcroze, já haviam tentado criar, antes dele, Grétry, Gluck, Schiller, Goethe e Wagner (a marca deste último está na base de seu pensamento): uma prática ao mesmo tempo social e artística, que, para os gregos, era o signo do equilíbrio e da união indissolúvel entre corpo e espírito[32].

A concepção rítmica da educação estética de Dalcroze provavelmente não teria alcançado uma definição tão clara

---

29 Passagem citada em Claire-Lise Dutoit-Carlier, Jaques-Dalcroze créateur de la rythmique, em AA. VV., *Émile Jaques-Dalcroze...*, p. 399. São essas as três finalidades principais da rítmica tal como Dalcroze as transmitirá aos seus alunos, que difundirão o seu método.
30 E. Jaques-Dalcroze, op. cit., p. 50 (o texto é de 1907).
31 Assim está escrito no frontispício do manual em dois volumes (repleto de desenhos de exercícios ilustrados e músicas), assinado por Dalcroze como *Rhytmische Gymnastik*, publicado em 1906 contemporaneamente em francês e em alemão em Paris, Neuchâtel, e Leipzig. A mesma definição abrirá as sucessivas edições dos manuais do "método Dalcroze".
32 Ver C.-L. Dutoit-Carlier, op. cit., p. 349.

nem influenciado tão profundamente o ambiente teatral sem o apoio, dificilmente mensurável, mas certamente relevante, de Adolphe Appia. Dalcroze conheceu Appia em 1906, depois do último ter organizado o imponente festival vaudês em Lausanne, em 1903, uma grande festa coreográfico-musical popular, ocasião que o levou a perceber as relações profundas entre a sua pesquisa e os problemas da coreografia e da expressão do ator. Appia, que havia assistido em Genebra a uma demonstração da rítmica, escreveu a Dalcroze dizendo ter reconhecido em seu trabalho a primeira autêntica possibilidade de "exteriorização da música [...] ideia que persigo há muitos anos"[33]. Daquele momento em diante, criou-se entre o musicista-pedagogo e o autor de *La musique et la mise en scène* uma confraria de ideias e de estudo singular e intenso, no qual Appia foi o interlocutor – conselheiro e inspirador – na maioria das vezes discreto e esquivo, enquanto Dalcroze foi o experimentador audaz, homem público e hábil propagandista[34]. A visão rítmica do espaço de Appia contribuiu fortemente para a definição plástica daqueles primeiros exercícios de movimento, que, de suporte para a compreensão da música em sua dimensão temporal, tornavam-se, cada vez mais, instrumentos conscientes para uma tradução expressiva dos elementos musicais no espaço através do corpo humano, enquanto que a concepção totalizante de teatro do idealizador do *Worttondrama* fez com que o canto e a palavra se somassem cada vez mais organicamente à música e ao gesto na pesquisa.

A grande ocasião que os mestres tiveram de realizar seu sonho pedagógico e artístico lhes foi apresentada pela intervenção de Wolf Dohrn, rico intelectual alemão, secretário da *Werkbund*, uma associação de artistas, artesãos e industriais progressistas surgida na Alemanha em 1908, impulsionada pela

---

33 Edmond Stadler, Jaques-Dalcroze et Adolphe Appia, em AA.VV., *Émile Jaques--Dalcroze...*, p. 147; esse ensaio analisa o epistolário entre os dois.
34 Sobre a relação Dalcroze-Appia e a sua importância para o teatro da época e do século XX cabe lembrar o cuidadoso estudo de Gernot Giertz, *Kultus ohme Götter: Émile Jaques-Dalcroze und Adolphe Appia. Der Versuch einer Theaterreform, auf der Grundlage der Rhythmische Gymnastik*, publicado pelo Institut für Theaterwissenschaft, de Munique, em 1975, assim como o ensaio de Richard C. Beacham, limitado ao período da Escola de Hellerau: Appia, Jaques-Dalcroze, and Hellerau, publicado no *New Theatre Quarterly* em duas partes, "Music Made Visible" (n. 2, maio de 1985) e "Poetry in Motion" (n. 3, agosto de 1985).

Lebensreform com a finalidade de reumanizar o trabalho industrial e buscar conferir uma nova dignidade estética e social das artes aplicadas à vida cotidiana[35]. Nesse âmbito, Dohrn havia promovido em Hellerau, na periferia de Dresden, a construção de uma área residencial modelo feita para as classes operárias, a primeira "cidade-jardim" construída na Alemanha. Nesse lugar ele propôs a Dalcroze a construção de uma escola aparelhada com todos os serviços e os instrumentos necessários para que pudesse desenvolver e aplicar os seus métodos pedagógicos, fazendo de Hellerau um centro cultural de vanguarda, uma espécie de utopia social realizada (o pensamento era influenciado pela "província pedagógica" de *Wilhelm Meister*, de Goethe), o "futuro centro criado para uma regeneração espiritual e física, a partir da qual pudesse emergir uma vasta renovação social"[36].

Na primavera de 1911, o edifício projetado pelo jovem e promissor arquiteto Tessenow foi concluído, e Dalcroze, que, desligado do Conservatório de Genebra, havia ministrado cursos desde o outono anterior em uma sede provisória em Dresden, inaugura a escola com uma cerimônia pública solene. O edifício, cuja fachada lembrava aquela de um tempo helênico, dispunha, além de vários espaços para as aulas, de uma grande sala central retangular, para a qual Appia desenhou um dispositivo modular, composto por uma larga escadaria com plataformas praticáveis, que segmentava ritmicamente o espaço e seria utilizado para os exercícios rítmicos e para as demonstrações públicas. O edifício central tinha ainda um anexo que funcionava como um pensionato, com alojamentos, refeitórios e salas de encontro para os alunos que vinham de fora[37].

Alunos surgiram imediatamente de todas as partes da Alemanha e da Europa[38]: além das aulas para as crianças e jovens de

---

35 Sobre Wolf Dohrn e a sua colaboração com Dalcroze, ver em particular o ensaio de Alfred Berchtold, Émile Jaques-Dalcroze et son temps, em AA.VV., *Émile Jaques-Dalcroze...*, p. 84-105, e, em geral, todos os estudos sobre a escola de Hellerau.
36 G. Giertz, op. cit., p. 119.
37 Sobre a fundação do Instituto, sua construção e os programas de ensino, ver E. Jaques-Dalcroze, *Der Rhythmus: Ein Jahrbuch*, I, 1911. Ver também *Bildungsanstalt Jaques-Dalcroze*, sem data, mas publicado provavelmente no final de 1912.
38 Dentre os alunos de Hellerau, merecem destaque Mary Wigman, Suzanne Perrottet, Marie Rambert e Théodore Appia, Harald Dohrn, Albert Jeanneret (respectivamente irmãos, esses últimos, de Adolphe, de Wolf e de Le Corbusier).

Hellerau e de Dresden, foram instituídos imediatamente cursos para amadores e profissionais da dança, do teatro, da ópera e da ginástica, ou seja, para artistas e educadores. Na abertura da escola existiam cursos regulares de solfejo, improvisação, anatomia, música coral, plástica animada, dança e eurítmica, e, além desses, logo foram oferecidos cursos que envolviam o estudo da palavra. A rítmica havia sido já desenvolvida organicamente desde as primeiras tentativas ocorridas em Genebra e continuava dia após dia a se afinar. Se naquela época se tratava de atuar uma espécie de solfejo figurado, animado, que envolvia fisicamente a criança na percepção do tempo musical, agora se somavam a esses exercícios iniciais outros mais complexos e que implicavam uma maior exploração das dinâmicas físicas e espirituais. Sempre seguindo escrupulosamente o ritmo e a métrica de pequenos fragmentos compostos por Dalcroze, e tocados ao piano, os alunos executavam agora exercícios rítmicos para a respiração, para o fortalecimento dos músculos, a análise de ritmo, tempo e espaço nos andamentos, a fim de desenvolver ações espontâneas e de regular os movimentos inconscientes para a expressão dos sentimentos em tempo musical, para a união do canto e da palavra ao movimento. A improvisação rítmica livre, guiada pela música, é um dos primeiros passos no treinamento eurítmico e a dança rítmica expressiva representa o seu resultado final[39]. A música reina soberana sempre, dirige, dita, inspira, forma.

O objetivo do ensino da rítmica é colocar os alunos em condições de dizer ao final de seus estudos não "eu sou", mas "eu sinto", e em seguida criar neles um desejo de expressão. Porque quando se experiencia fortemente uma emoção, sente-se a necessidade de comunicá-la aos outros na medida das próprias faculdades. Quanto mais possuímos a vida, mais poderemos difundir a vida em torno de nós. Receber, dar; essa é a grande regra da humanidade. E se todo o sistema educacional por meio do ritmo se apoia na música, é porque a música é uma força psíquica

---

39 Ver *Der RhythmusDer Rhythmus: Ein Jahrbuch*, I, e M.E. Sadler (ed.), *The Eurhythmics of Jaques-Dalcroze*, London: Constable, 1912. Este último foi de extrema importância para a introdução do método na Inglaterra; ele descreve em detalhes a progressão dos exercícios. Alguns textos contemporâneos analisam e interpretam o trabalho desenvolvido em Hellerau. Ver em particular H. Brandenburg, *Der moderne Tanz*, p. 93-126, e F.H. Winther, *Körperbildung als Kunst und Pflicht*, 1914, p. 39-47.

considerável, uma resultante das funções da alma e da expressão que, devido ao seu poder de excitação e regularização, pode disciplinar todas as nossas funções vitais.[40]

Em seu segundo ano de vida (1911-12) a escola de Hellerau era já conhecida mundialmente: a pensão estava lotada de alunos e outros alunos eram hospedados por famílias do vilarejo. No desenvolvimento do processo pedagógico era também um fator importante o sistema de vida colegial, que exaltava, agregando-as, intenções e vontades. Na pensão, que hospedava por volta de cinquenta meninas de várias nacionalidades, reinava, segundo vários depoimentos, uma atmosfera de festa, excitante, cheia de entusiasmo e de empenho. Os almoços, prevalentemente vegetarianos, aconteciam junto com os rapazes, que dormiam em outros lugares, e representavam uma oportunidade de discussão do trabalho comum. À noite, danças e cantos eram improvisados no refeitório que era esvaziado; os mesmos livros eram lidos, amavam-se as mesmas coisas e, sobretudo, idolatrava-se o mestre que fascinava a todos com o seu notável carisma: uma experiência comum verdadeiramente especial[41].

40 E. Jaques-Dalcroze, *Ritmo-musica-educazione*, p. 94. É essa a visão já mais claramente "expressiva" da rítmica que Dalcroze manifesta em 1914.
41 Ethel Ingham, esposa de Percy B. Ingham, fundador em 1913 da primeira escola inglesa do método Dalcroze, e ela mesma testemunha entusiasta e aluna do mestre, descreve assim um dia típico em Hellerau: "O dia começa com o som do gongo às sete; a casa é imediatamente acordada e alguém sai do alojamento do colégio para uma aula de ginástica sueca antes do café da manhã, outros tomam o café da manhã às sete e meia e seguem às aulas mais tarde. Há sempre uma meia hora de ginástica inicialmente. Em seguida uma aula de solfejo, uma de ginástica rítmica e uma de improvisação, cada uma de cinquenta minutos, com um intervalo de dez minutos entre elas. O almoço, que acontece às 13h15, é seguido de uma hora de descanso e às três esse grupo vigoroso retoma os exercícios. As tardes eram em geral livres, com exceção de duas ou três vezes por semana em que acontecem as aulas de 'plástica' e de dança, das 16h às 18h, antes do chá, ou podem acontecer ainda as aulas de ginástica rítmica para pequenos grupos de alunos que têm maior necessidade de ajuda, e os alunos podem obter uma sala para se exercitarem privadamente. As tardes oferecem ainda tempo para estudos extras ou aulas que não estão incluídas nos cursos normais como violino, canto solista, desenho ou pintura. A maior parte dos estudantes adquire rapidamente muitos interesses. As tardes livres podem ser utilizadas para visitar as galerias e as lojas de Dresden. Todas as oportunidades para se ver bons concertos, óperas ou teatro clássico são sempre aproveitadas por uma comitiva de entusiastas. A ópera em Dresden, assim como em outras partes da Alemanha, inicia e termina cedo, por sorte. Permanecer até tarde da noite acordado não é um hábito cultivado na pensão; na realidade, todos

Enquanto os alunos mais maduros abriam as primeiras escolas do "método Dalcroze" em Londres, Budapeste, Berlim, Frankfurt, Praga, Riga, Moscou, São Petersburgo (o patrono do método na Rússia foi o entusiasta Príncipe Volkonski, superintendente dos teatros imperiais, que organizou uma turnê russa de Dalcroze, na qual ele conheceu Stanislávski e pôde ver a montagem de *Hamlet* com a cenografia de Craig), os visitantes chegavam a Hellerau de todo lugar quase em peregrinação. Entre 1910 e 1913 poderiam ser citados nomes como Stanislávski, Georges Pitoëff, Diághilev e Nijínski, Claudel, Jean Rouché, Reinhardt, Jessner, Percy Ingham, Granville-Baker, escritores como Bernard Shaw, Upton Sinclair e Ernst Bloch, críticos como Jean d'Udine[42] e ainda artistas, intelectuais, pedagogos, autoridades civis, dentre outros que compõem uma lista que seria longa demais para enumerar[43].

Em 1912 e 1913, ao fim do ano escolar, Dalcroze organizou com seus alunos dois grandes "ensaios" que passariam para a história das artes cênicas e influenciariam diretores e coreógrafos por anos. O ponto mais alto da elaboração estética de Dalcroze e Appia[44] será alcançado com a apre-

> contentam-se em retirar-se cedo, uma vez que o trabalho requer uma grande quantidade de energia, sobretudo para aqueles que escolheram o curso de formação de professores com a esperança de conseguir um diploma ao fim de dois anos de estudo. O jantar é servido às 19h15 e, duas noites por semana, quem quer entrar na sociedade orquestral e coral tem o prazer de se encontrar e de exercitar-se sob a direção do senhor Jaques-Dalcroze" (Life at Hellerau, em M.E. Sadler (ed.), op. cit., p. 55-59).

42 Crítico musical emérito, autor do tratado *L'art et le geste* (Paris: Alcan, 1910); e do célebre *Qu'est-ce que la danse?* (Paris: Laurens, 1921), uma das poucas contribuições francesas relacionadas às poéticas da nova dança europeia. Ele foi o maior divulgador do método Dalcroze na França.

43 Incontáveis notícias de todos os intelectuais que se aproximavam de algum modo da escola e das ideias de Dalcroze podem ser encontradas em Alfred Berchtold, Émile Jacques-Dalcroze et son temps, em AA. VV., op. cit. Para ter ideia da seriedade e do entusiasmo de muitos que se dedicavam à análise e aos comentários da disciplina dalcroziana, é suficiente folhear as muitas intervenções externas ao método. Dois exemplos, dentre outros: Karl Storck, *Émile Jaques-Dalcroze: seine Stellung und Aufgabe in unserer Zeit*, Stuttgart: Greiner und Pfeiffer, 1912 (sobre a teoria e sobre o método), e Arthur Seidl, *Die Hellerauer Schulfeste und die "Bildungsanstalt Jaques-Dalcroze" 1912/13*. Regensburg: Bosse (sobre o instituto e a "província pedagógica").

44 Recordamos que Appia deu algumas contribuições para a compreensão e difusão da rítmica e sobre a sua relação com o teatro em artigos publicados seja em francês seja em alemão (além de reconhecer como próprios os princípios aplicados ao ator no texto *Obra de Arte Viva*).

sentação pública de *Orfeu*, de Gluck, em junho de 1913, cujos fragmentos já haviam sido mostrados no ano precedente, em conjunto com exercícios rítmicos e com a pantomima *Eco e Narciso*. Valendo-se dos dispositivos cênicos e da iluminação concebida por Appia (que não se deslocou de Genebra e, portanto, não viu a própria obra), com duas cantoras profissionais nos papéis principais e com os alunos fazendo o papel do coro, Dalcroze soube criar aquilo que quase unanimemente foi considerada a perfeita transposição cênica da música de Gluck. Foi o triunfo da sua concepção de "plástica animada" ou "plástica viva", a disciplina mais declaradamente estética e "teatral" dentre aquelas experimentadas na escola: a arte do movimento expressivo, cujos elementos Dalcroze considerava correspondentes aos da música (a elevação dos sons à direção dos gestos, a intensidade à energia, o timbre às particularidades formais relacionadas aos sexos, a melodia à sequência dos movimentos, e assim por diante)[45]. Todos os maiores críticos teatrais da Europa estavam presentes no evento, juntamente com muitas das personalidades já citadas, e os comentários foram entusiasmados. Poucas passagens são suficientes para dar uma ideia da dimensão:

> É uma união de música, senso plástico e luz que nunca havia visto antes [...] as telas pintadas, os pilares, todos os amontoados cenográficos ridículos do velho teatro são varridos: tudo é substituído por uma arquitetura que oferece as linhas essenciais à ação dramática e fixa o curso e a direção de seu desenvolvimento (Paul Claudel).[46]

Encontrávamo-nos diante da vida real, traduzida em música, esplêndida música que se tornava viva. Não poderia ter sido de outra forma, pois todos os participantes estavam possuídos física e emocionalmente pela música: a música era para eles um princípio vital como o ato de respirar (Serguêi Volkonski).[47]

---

45 Dalcroze descreverá detalhadamente o seu pensamento sobre a "plástica" e a sua relação com a música em um ensaio de 1919 (*Ritmo-musica-educazione*, p. 261s). Os estudos mais completos sobre a representação do *Orfeu* em Hellerau são aqueles já citados de R.C. Beacham e G. Giertz, que reúnem muitas críticas sobre o espetáculo.
46 G. Giertz, *Kultus ohne Götter*, p. 163.
47 R.C. Beacham, Appia, Jacques-Dalcroze, and Hellearu. Part Two: "Poetry in Nation", op. cit., p. 260.

Esquece-se facilmente que o Instituto de Hellerau é uma escola [...] mas esta é a atividade cotidiana deles, o seu esforço pelo ideal de uma arte humana viva; a expressão sagrada de sua alma individual e coletiva [...] e disso tudo a representação de *Orfeu* recebe todo o seu valor e significado humano (H.C. Bonifas).[48]

Durante ao menos duas décadas, o *Orfeu* de Hellerau permanecerá na mente e nos escritos dos homens de teatro como o momento memorável e irrepetível em que foi enterrada a tenaz convenção naturalista que dominava as cenas contemporâneas[49] e foi aberta, por um instante, uma fissura ofuscante numa realidade, até então somente sonhada, de um teatro novo e, todavia, capaz de recuperar uma antiga, mítica, esquecida, perfeição estética: a fusão completa de todos os seus elementos sob a condução de um único princípio ordenador em uma obra de arte total.

A envolvente e gloriosa fase da "província pedagógica" de Hellerau, que pareceu para muitos encarnar o verdadeiro espírito da reforma estético-pedagógica de uma nova Alemanha, traduzindo em prática tangível os ensinamentos dos grandes mestres, de Rousseau à Lessing, de Goethe à Wagner[50], foi no entanto muito breve. No início de 1914, o mecenas Wolf Dohrn faleceu prematuramente e, por sua vez, Dalcroze passou a ser malvisto pelo Reich em função de uma declaração pacifista: a guerra iminente acelerou o fechamento do Instituto e Dalcroze retornou definitivamente para Genebra, onde implantou um centro que existe até hoje. De lá a sua rítmica se difundiu

---

48 Ibidem, p. 258.
49 É importante considerar que também o templo wagneriano da Bayreuth era associado ao naturalismo, porque não soube traduzir em uma nova dimensão cênica o projeto musical de seu fundador.
50 Dentre os apreciadores era comum a visão de Dalcroze como o último elo de uma corrente que reassumia a inteira cultura nacional em termos de arte e de educação. Arthur Seidl, no já citado libreto celebrativo *Die Hellerauer Schulfeste*, não hesita em colocá-lo no topo de uma verdadeira apoteose pan-alemã; ele faz, de fato, descender a sua teoria de uma ideal sequência de obras e autores através das antigas academias culturais e de Rosseau, como ele nascido em Genebra, de Lessing de *Laokoon*, de Herder de *Sobre a Graça*, ao Schiller do *Teatro Como Formação Moral* e das *Cartas Sobre a Educação Estética*, ao Goethe de *Wilhelm Meister*, ao Kleist de *Sobre a Marionete*, ao Wagner de *Obra de Arte do Futuro* ao Keller de *A Origem do Mito*, ao Nietzsche de *Observações Extemporâneas*, ao Bülow das *Ideias Sobre a Educação Artística*, ao Bücher de *Trabalho e Ritmo*.

pelo mundo inteiro; muitas escolas públicas e privadas a assumiram como método de ensino da música e da motricidade, assim como na terapia de distúrbios do ouvido e do movimento, e o nome de Dalcroze começou a ser citado ao lado dos maiores pedagogos, não somente de seu tempo (e, com um deles, Edouard Claparède, ele colaborou ativamente).

O seu contato com o mundo do teatro continuou por muitos anos: manteve uma longa correspondência com Appia[51], ainda que a interlocução intelectual entre os dois não tenha dado mais frutos claramente tangíveis, e manteve também relações com Copeau e Craig, que geraram diferentes reações: enquanto suscitou interesse e admiração do primeiro, prevaleceu a atitude crítica do segundo[52]. Mas a sua influência agiu ainda mais diretamente, como é facilmente compreensível, no campo das artes do movimento. Na Alemanha, sobretudo, dadas as condições particularmente favoráveis, o seu método se inseriu profundamente no âmbito da *Körperkultur*; da sua, emergiram outras escolas de "ginástica rítmica" (definição já adquirida na linguagem comum), que desenvolveram tendências próprias, mais ou menos originais. A mais famosa e difundida delas foi a do Dr. Rudolf Bode, que fundava a sua diversidade em um contraste evidenciado entre rítmica e métrica musical (em

---

51 Cabe observar que a coletânea já citada de escritos *Ritmo-musica-educazione*, publicada pela primeira vez em 1920, traz a dedicatória "Ao meu amigo Adolphe Appia".

52 Copeau conheceu inicialmente a "rítmica" em 1913-14 através de Emanuel Couvreux, que lecionava em Paris, e decidiu experimentá-la em sua escola do Vieux Colombier (ver J. Copeau, *Registres: Les registres du Vieux Colombier*, I parte, Paris, Gallimard, 1979, p. 255-256 e F. Cruciani, *Teatro nel Novecento*, p. 77). Em 1915 e 1916 visitou Dalcroze em seu instituto de Genebra, ficando impressionado com as suas ideias (ver A. Berchtold, Émile Jacques-Dalcroze et son temps, em A. VV., op. cit., p. 114-116, e J. Copeau, Visites a Craig, Dalcroze et Appia, *Revue d'Histoire du Théâtre*, n. 4, 1963) e em seguida, refletiu sobre a função que a rítmica podia ter na formação do ator (ver *Cahiers du Vieux Colombier*, n. 2, nov. 1921). Craig foi sempre hostil ao método Dalcroze que conheceu através de seus escritos. O atacou ao menos duas vezes na revista *The Mask* acusando-o de ser letal para o desenvolvimento da arte, que exige a máxima liberdade de expressão, considerando-o bom para "empregadas, camareiras", que poderiam tirar proveito de sua abordagem uniformizante de agraciada vacuidade (J. Balanche [G. Craig], Jaques-Dalcroze and his School, *The Mask*, v. V, jul. 1912 e [G. Craig], The Eurhythmics of Jaques-Dalcroze [resenha], em *The Mask*, v. VIII, n.12). Após conhecer Appia em 1914, Craig declarou esperar que as marionetes o levassem "a algum lugar, distante de Dalcroze e de Wagner" (ver A. Berchtold, op. cit., p. 97).

Dalcroze praticamente coincidentes), de uma utilização da música mais como "acompanhamento", de uma maior centralidade do movimento e do ritmo individuais[53]. Os alunos mais fiéis e ortodoxos difundiram o método Dalcroze em todas as cidades alemãs[54] e um curso de formação em rítmica se tornou bem cedo não somente sinônimo de requinte para toda a menina proveniente da boa sociedade iluminada, mas também como estudo propedêutico para os atores e bailarinos aspirantes da época. Não faltaram, contudo, professores que cultivaram nos alunos presunções artísticas autônomas, e tal fato provocou, no pós-guerra, a profusão de *rhythmiciennes* que ofereciam como dança as suas exercitações e improvisações. Isso fez com que uma técnica de formação que havia suscitado grande interesse (criando um espaço estável na companhia dos Balés Russos de Diághilev e guiando Nijínski e sua coreografia de *A Sagração da Primavera*[55]), transformada em uma forma teatral autônoma, encontrasse a dura oposição de alguns críticos de dança (não somente os ligados à tradição acadêmica e às claras divisões entre gêneros) e contribuísse para instaurar neles um senso de desconfiança em relação a toda experimentação moderna no campo da arte do movimento. O mais radical entre eles, beirando o sarcasmo, foi Andrei Levinson, talvez o maior crítico europeu da época, que, se não discutia a rítmica como método propedêutico, condenava o fato desta ser confundida com uma disciplina de alto profissionalismo (e, para ele, de tradição intocável) como a dança. Em sua cáustica polêmica – à qual Dalcroze respondeu pessoalmente – contra o que ele chamava de "utopia rítmica", Levinson considerava um rítmico "semelhante a um bailarino, como um metrônomo é semelhante a um instrumento musical", lamentava que a rítmica

---

[53] A escola de Bode se desenvolverá paralelamente àquela de Dalcroze e sobreviverá no período nazista, respondendo à demanda e à ideologia de formação física do Reich. Dentre os escritos de Bode, ver *Ausdrucksgymnastik*, München: Beck'sche, 1922.

[54] Dentre os alunos de Dalcroze que difundiram escolas com o seu nome cabe apontar Elfriede Feudel, pianista e professora, que publicou em 1926 talvez o texto mais importante de difusão da rítmica: *Rhythmik: Theorie und Praxis der Körperlichmusikalischen Erziehung*, München: Delphin, 1926.

[55] Como professora do método na Compahia dos Balés Russos foi contratada Myriam Ramberg, nome artístico Marie Rambert, uma das primeiras alunas de Hellerau, que influenciou posteriormente a dança inglesa.

fizesse do movimento um escravo da música, em vez de possibilitar exatamente o contrário, e reivindicava o atributo de arte somente para a dança clássica, a única com uma "evolução orgânica, um desenvolvimento lógico de uma linguagem orgânica de formas"[56]. Em suas palavras encontramos sintetizadas as objeções colocadas pela crítica às novas disciplinas rítmicas, sobretudo na França e Itália, fortalezas da tradição acadêmica[57]. Se, de um lado elas revelam a incapacidade de intuir, a partir dos primeiros sons articulados, o nascimento de uma nova linguagem, de outro, exprimem uma intolerância compreensível, provocada pela equívoca confusão entre treinamento e espetáculo, entre solfejo do movimento e dança.

Mas uma nova arte da dança estava nascendo e se afirmaria em breve. Nos mesmos anos de Hellerau, de fato, outra experimentação, que emergiu do teatro e a ele retornou após ter atravessado territórios pedagógicos, chama cada vez mais a atenção. Ela era conduzida pelo húngaro Rudolf Laban de Varalja (1878-1958), que na Alemanha assumirá o sobrenome Von Laban, protagonista de outro estudo de caso examinado aqui.

Filho de um alto oficial, crescido entre as marchas e paradas militares de um lado e o mundo fantástico do imaginário popular húngaro do outro, foi, desde a infância, propenso às atividades artísticas[58]. Dedicou-se originariamente à pintura, disciplina que nunca abandonou completamente e que desenvolveu nele uma alta sensibilidade figurativa no que diz respeito à relação entre espaço e forma, mas bem cedo experimentou também a poesia, a música e o teatro. Organizando festas militares e civis, aproximou-se dos problemas do movimento coral,

---

56 Ver Andrei Levinson, *La Danse d'aujourd'hui*, Paris: Duchartre & Van Buggenhoudt, 1929, p. 437-451.
57 É importante recordar como na França a reflexão sobre a expressão no movimento estava associada a alguns pensadores (Mallarmé, Valéry) que se referiam a ela no âmbito estritamente limitado do "gênero" dança, enquanto que na prática a renovação expressiva foi gerada pelos Balés Russos que deram ao balé um impulso modernista. Ver J. Sasportes, *Pensare la danza*, Bologna: Il Mulino, 1988. Enquanto a Itália permanecia no reino do virtuosismo acadêmico de tradição, na Alemanha emergiam críticos da rítmica, dentre eles Oskar Bie, autor de *Der Tanz*, Berlin: Bard, 1923.
58 Sobre a formação de Laban ver o seu livro *Ein Leben für den Tanz. Erinnerungen*, Dresden: Reissner, 1935.

do uso dinâmico do espaço, da dança. Estudante de belas-artes em Paris, conheceu a pesquisa de Delsarte e a sua "estética aplicada"; a partir dessas bases desenvolveu, já em 1903, pesquisas sobre a dinâmica e a expressão do corpo e se interessou pelas danças primitivas, religiosas e rituais, completando mais tarde os seus estudos de dança acadêmica em Viena e em Munique. Nesta última cidade, que lhe possibilitou o contato com o ambiente cultural de vanguarda dos "secessionistas", amadureceu as próprias escolhas expressivas, elegendo a dança como o seu próprio campo de experiência. Certamente não eram estranhos a essa escolha e às suas motivações teóricas os influxos de Georg Fuchs, que trabalhava naqueles anos no *Künstlertheater* de Munique e cujas teorizações radicais sobre a estética teatral agiram profundamente no teatro, assim como no nascimento de uma "nova dança" alemã e na inteira *Weltanschauung* da *Körperkultur*. Convém recapitular ao menos alguns pontos dessas teorias talvez ainda não suficientemente absorvidas[59] para melhor compreender a sua relação com a obra de Laban e indicar uma possível (ainda que ideal) relação Fuchs-Laban, paralela àquela entre Appia e Dalcroze (caso em que houve colaboração real).

Para Fuchs, herdeiro direto de Nietzsche, a dança, "movimento rítmico do corpo no espaço, exercitado num impulso criativo em direção a uma experiência harmônica do universo"[60] – do qual o teatro deve extrair sua substância para reencontrar a própria função – realiza-se como arte em um estado dionisíaco de profundo êxtase orgiástico, em que o abandono total ao próprio eu profundo permite uma expansão mística em direção ao todo universal. Perdido no rítmico fluir do próprio sangue, o dançarino/ator (que enriquece a dança com a palavra poética, que traduz em ritmo conteúdos e valores espirituais) vive a experiência interior (*Erlebnis*) de fusão com a "divina euritmia" cósmica, passando a ser o celebrador de um ritual dinâmico de ascese e de comunhão com o divino, que

---

59 Poucos são os estudos italianos existentes sobre Georg Fuchs, citamos, em particular, Luisa Tinti, *Georg Fuchs e la rivoluzione de teatro*, Roma: 1980, e a contribuição de Umberto Artioli, Ritmo del sangue e mistica della luce in Georg Fuchs, em *Il ritmo e la voce: Alle sorgenti del teatro della crudeltà*, Milano: Shakespeare & Company, 1984, p. 34-69.
60 *Deutsche Form*, München/Leipzig: Müller, 1907, p. 366.

carrega consigo quem o assiste. Profundamente sugestionado pelas demonstrações de Madeleine G., a dançarina hipnótica, Fuchs havia reconhecido nela a prova viva da eficácia do transe, demonstração da origem da arte no território infinito que começa onde termina a consciência individual, e a proposta de um teatro "ritual"[61].

Para que essa capacidade rítmico-expressiva possa se afirmar novamente, Fuchs auspicia o advento de uma ainda desconhecida *Körperkultur*, uma cultura do corpo liberado através do movimento, que possa se tornar, assim, "meio de expressão ritual e artística"[62].

Como as obras fundamentais de Fuchs – de *Die Schaubühne der Zukunft* (1905) a *Der Tanz*, de *Deutsche Form* (1907) a *Die Revolution des Theaters* (1909) – foram publicadas na década de 1910, foram conhecidas e discutidas não somente por Laban, mas por todos aqueles que começavam a agir no âmbito da *Körperkultur*, ainda que não sejam citadas como deveriam ser.

Rudolf Laban, então, agregando em torno a si um grupo de jovens artistas e alunos, dedicou-se à pesquisa de uma nova forma de dança pura, não descritiva, que surgisse como expressão dinâmica organizada do ser profundo do indivíduo e da coletividade, de suas necessidades e de sua fé na vida. Sua pesquisa perseguiu, de fato, sempre dois objetivos paralelos: de um lado, liberar o indivíduo física e espiritualmente, torná-lo capaz de exprimir diretamente e sem obstáculos, através de um movimento que leve às últimas consequências as suas leis naturais, a sua forma e o seu ser elevados à poesia; e, do outro, agregar os seres assim liberados em um grande "templo dançante", em um "coro de movimento" que harmonizasse e multiplicasse em um todo indissolúvel as diversas individualidades, sublimando em uma unidade transcendente os elementos comuns.

Decidido a alcançar esses fins, antes de fundar uma escola ele fundou uma comunidade, convencido de que somente uma vida realmente comunitária em que cada um se dedicasse aos próprios deveres para com a coletividade e compartilhasse com os outros os próprios problemas e aspirações teria sido capaz de

---

61 Ver supra, p. 8-9
62 *Der Tanz*, Stuttgart: Strecker & Schröeder, 1906, p. 19.

criar a sintonia íntima entre os espíritos, através da qual fundar a "poesia do movimento".

Então, no verão de 1913, instalaram-se no lado suíço do Lago Maggiore, em Monte Verità[63], lugar já mencionado aqui e dedicado à *Lebensreform*. Durante os mesmos anos em que Hellerau recheava as crônicas culturais concentrando em si o interesse pedagógico, a escola-colônia de Laban, que durante o inverno acontecia em Munique, conduzia a sua experiência fundadora silenciosamente em lugar apartado e de modo quase inobservado, com a tenacidade de um cotidiano de sobrevivência. Juntamente com uma vida simples e pobre, em contato estreito com a natureza, acontecia um trabalho alegre, mas rigoroso dos alunos sobre o corpo e sobre a expressividade, feito ao ar livre, com túnicas leves ou total nudez, em harmonia com os ritmos naturais e fisiológicos[64]. Nasceu assim a primeira concretização orgânica da pesquisa labaniana, a "dança livre", primeira matriz da dança moderna europeia e fulcro de uma ulterior, radical visão pedagógico-teatral: liberação e elevação psicofísica em que o movimento é privilegiado como "agente direto da alma" (em sintonia com o que havia ensinado Delsarte) individual e coletiva, em que o intelecto, que Laban traduz como "vontade", administra em plena consciência a relação fundamental da energia física com o tempo e o espaço.

A dança "livre" não é, segundo o seu criador, nem anárquica nem caprichosa, mas obedece só e escrupulosamente a leis dinâmicas e semióticas próprias, ditadas e respeitadas por ela mesma. Após um momento inicial de desprendimento dos condicionamentos gerados pelas convenções sociais e artísticas, ela constitui uma experiência de formação intensa e totalizante tanto do ponto de vista profissional como de um mais genericamente pedagógico. Já que não necessita da música como guia (e, ao contrário, a recusa substancialmente enquanto princípio regulador estranho a si mesmo), mas extrai os seus ritmos diretamente dos ritmos corporais do executor (batimento cardíaco, respiração, fluxos energéticos), a dança

---

63 O trabalho de Laban em Monte Verità constituiu um dos casos já examinados, ver supra, p. 15-27..
64 Conferir a descrição da vida na colônia no relato de Hans Brandenburg, supra, p. 25-26.

livre requer um perfeito conhecimento e compreensão de si, do próprio corpo e de suas leis. Só assim ele poderá conduzir a energia fechada no movimento e produzir, na unidade de espaço e tempo, uma totalidade dinâmico-expressiva autossuficiente e significativa. Isso, para Laban, implica uma rigorosa concepção de forma na dança, que se desenvolve como e melhor que na música, através de simetrias, repetições, inversões, *ritornelli*, tempos, harmonias e desarmonias, matizes dinâmicas, organização arquitetônica (para citar somente alguns exemplos formais em jogo), de cuja coerência, pureza e rigor nasce o valor (e o prazer) ético e estético da dança[65].

Daqui a necessidade de elaboração de uma teoria completa do movimento (*Kraft-Raum-Zeit*, ou seja, Energia-Espaço--Tempo), que penetre as forças e as tensões motoras que animam o corpo (*Kraft*), descubra os critérios de sua direção e expansão no espaço (*Raum*) – também segundo princípios semióticos derivados das leis naturais da expressão gestual (eucinética) –, determine e fixe os ritmos da interação energia/espaço e de suas resultantes dinâmicas (*Zeit*). A investigação sobre a energia e o esforço no movimento, sobre os sistemas vetoriais de impulsos e direções que ele cria e sobre a sua relação com o tempo e o espaço constitui o empenho mais constante e conhecido de Laban, empenho que o fará elaborar uma "ciência" do movimento, cujo legado mais conhecido será um sistema exato e detalhado de escritura da dança (*Labanotation*)[66].

A laboriosa e complexa descoberta das leis próprias da nova dança procede na escola de Laban simultaneamente com a "invenção" de um corpo "consciente". Improvisações e exercícios dinâmicos, sobretudo coletivos, permitem compreender e guiar os fluxos de energia dominados pelos fatores fundamentais de "tensão" e "relaxamento", distinguir entre movimentos "centrípetos" e "centrífugos", entre "impulsos",

---

65 Laban escreveu pouco, nos primeiros anos, sobre as experimentações que estava fazendo. Já Hans Brandenburg foi o primeiro a reconhecer as potencialidades artísticas e pedagógicas das pesquisas de Laban. Foram utilizados assim, amplamente os seus escritos para reconstruir as primeiras proposições teórico-práticas de Laban. Ver H. Brandenburg, *Der moderne Tanz*. Somente em 1920 Laban publica *Die Welt des Tänzers*, Stuttgart: Seifert.
66 O primeiro texto de Laban que organizou essa matéria foi *Choreographie*, Jena: Diederichs, 1926.

"tensões" e "propulsões", entre equilíbrios, desequilíbrios e sucessões, ou seja, dominar a criação e o uso de um articulado nível pré-expressivo do movimento. A dimensão coral dos exercícios contribui para o desenvolvimento do senso de espaço, da interação dinâmica, do desenho total do movimento (corêutica), assim como para o domínio dos ritmos pessoais e de grupo. O nível expressivo, a introdução de significados (que não tem relação com as concepções pantomímicas ou descritivas) insere-se nesta preparação de fundo e transforma o movimento em dança, fazendo-o adquirir aquela dimensão metafórica que o permite passar a ser "forma transcendental do ser humano".

Trata-se de um processo de gradual e constante introspecção e treinamento psicofísico do indivíduo, que deve aprender a liberar e transfundir no movimento toda a sua humanidade. A fim de facilitar esse percurso, Laban parte frequentemente de núcleos dinâmicos e simbólicos primitivos, como os gestos do jogo, do trabalho manual e das orações religiosas, considerados antropologicamente mais adequados a uma amplificação e estilização espaço-temporal que possa carregar-se de virtualidades poéticas transcendentes.

A música entendida como medida de tempos e inspiração de modos externos ao indivíduo, que era o suporte fundamental de toda a rítmica, não pode ter relações diretas com esse processo estético-pedagógico, mas somente subordinadas e bem tardias. No início, de fato, a pesquisa se desenvolve em silêncio, atenta somente aos ritmos interiores; em um segundo tempo, quando o aluno tiver adquirido a consciência dos próprios ritmos, eles podem ser acompanhados e ressaltados por instrumentos de percussão (geralmente tambores), que incitam o movimento e ajudam a concentração; somente em uma fase muito avançada, quando não houver mais o risco do aluno usar a música como um "molde", imitando-a ou deixando-se levar por ela, ele poderá usá-la para se exercitar. O dançarino completo fará nascer de si mesmo a própria música, que refletirá não somente o ritmo, mas também a tonalidade e a harmonia da dança, adquirindo, assim, novas possibilidades técnicas e expressivas. O objetivo a alcançar é a fusão perfeita entre dança e música regeneradas por uma nova concepção global do homem.

Laban mantém uma atitude semelhante com respeito à relação entre a dança e a palavra. O seu amor pelas artes do homem o leva, de fato, a pesquisar constantemente, ao lado da dança livre, uma criação expressiva total que ele define com os termos Tanz-Ton-Wort (Dança-Som-Palavra). Em sintonia e em contraste com os teóricos da obra de arte total, de Wagner à Appia, ele aspira a uma arte teatral que funde as suas raízes na totalidade triádica das forças expressivas humanas (Delsarte), mas cujo elemento dominante e unificante seja a dança (Fuchs), reino essencial daquela energia humana e cósmica que não somente produz movimento e som, mas se espiritualiza até entrar no mundo dos conceitos, produzindo a palavra. Em vista dessa meta final, do desenvolvimento de capacidades expressivas globais que possam fundir corpo e intelecto, dionisíaco e apolíneo, e tendam a uma nova concepção dramática e dramatúrgica do teatro e, em um plano mais geral, a uma nova plenitude ética-estética da vida humana, nas escolas de Monte Verità e de Munique são estudados, ao lado da dança, canto, dicção, música, poesia, pintura e escultura, segundo princípios semelhantes[67].

O objetivo primordial de Laban era, e permanecia, a renovação da arte teatral, mas a pesquisa havia aberto possibilidades e territórios bem mais vastos.

A nova arte da dança gera a consciência de produzir valores éticos ao contrário do valor só exteriormente estético da velha dança teatral. Além disso, é perseguido e conquistado um desenvolvimento harmônico geral do organismo puramente natural, através de um sistema formativo do corpo e do espírito não sentimentalístico. Certos quadros mostram os conceitos de "vestuário, movimento, cena" como formas espaciais que interagem entre si. Que neles se proponha, sem referências pantomímico-literárias, a linguagem da forma, da cor, do espaço, do movimento, pode ser também uma característica das minhas tentativas precedentes. Agora eu passo ao homem em si e ao grupo. O passado e o presente constituem um esforço em direção à simplificação e à interiorização da arte, que é estreitamente dependente de nossa necessidade comum de regeneração cultural. [...] Eu me dedico à direção da escola e, em particular, à arte do movimento e aos territórios correlatos. Em Ascona, todos os âmbitos

---

[67] Sobre a Escola de Arte e o seu impacto cultural na colônia ver M. Green, *Mountain of the Truth*.

da expressão e da atividade humana devem ser liberados do peso inútil de concepções sentimentalistas da vida e da arte: a dança livre de uma vida bela.[68]

Os primeiros alunos-companheiros de Laban formaram bem cedo, sob a sua direção e suporte coreográfico, um grupo profissional que constituía um laboratório vivo de pesquisa sobre dança teatral; e contribuíram para a sua escola, que durante a guerra se deslocou de Munique para Zurique, e para as que foram criadas por seus alunos depois do conflito, crianças e diletantes de todas as idades, aos quais Laban dedicava a mesma atenção. Eles lhe davam a oportunidade de concretizar e experimentar a sua grande vocação "coral", isto é, de traduzir em prática ativa e fazer penetrar no social a sua utopia ético-estética do "templo-dançante"[69]: uma comunidade humana regenerada no corpo e no espírito, que encontra na dança a expressão sublimada de sua essência física, emotiva e intelectual. Nela, os indivíduos deveriam fundir-se humana e artisticamente, encontrando dentro de si, naquela "terra do silêncio" em que o eu individual cala e reina a voz da humanidade, as pulsões comuns que, liberadas em energia e ritmo na dança, fariam deles uma verdadeira "catedral do futuro", transformando o teatro em ritual festivo (e as consonâncias chamam em causa tanto Fuchs quanto Appia, com o qual Laban compartilha a terminologia)[70].

Nasce assim o conceito e a prática do "coro do movimento", o Bewegungschor que Laban desenvolveu por anos, levando-o a singulares níveis de realização e difusão, sobretudo entre os diletantes. Os coros de movimento constituíram nos anos de 1920 uma das formas mais interessantes da *Körperkultur*, certamente a única com características expressivas amplamente praticada por homens adultos, tanto no âmbito do movimento

---

68 Trecho extraído de uma carta de Laban citada em F.H. Winther, *Körperbildung als Kunst und Pflicht*, p. 39.
69 Laban teorizou o seu duplo interesse em direção a uma dança-espetáculo e a uma dança-festa criando as expressões *Tanztheater* e *Tanztempel*, que sintetizam a sua visão profissional e a laico-ritual.
70 A exposição talvez mais sugestiva dessa *"Tanzanschauung"*, amplamente descrita em *Die Welt des Tänzers*, pode ser encontrada em *Ein Leben fur den Tanz. Erinnerungen*, p. 100-120.

juvenil burguês, quanto no das associações de trabalhadores[71]. A eficácia espetacular e social de seus coros foi experimentada por Laban nas coreografias de grandes festas populares, em que fazia grupos e massas se moverem (frequentemente operários e artesãos), partindo dos gestos e dos ritmos de trabalho de cada um, estilizando-os e harmonizando-os em enormes concertos com movimento próprio, experiência que se revelou preciosa também em seu trabalho teatral, particularmente nas coreografias inovadoras que criou para os teatros de ópera, seguindo os rastros de seu Tanz-Ton-Wort, obra de arte total.

Quase ignorado e muitas vezes destruído pela crítica nos primeiros anos (com exceção do perspicaz e apaixonado apoio oferecido a ele desde o início pelo jovem emergente Hans Brandenburg), somente após o fim da guerra Laban começou realmente a impor-se nos mundos teatral e pedagógico, que, no meio-tempo, haviam amadurecido novos aspectos ideológicos e metodológicos. Prosseguiu e intensificou, então, a sua dupla atividade de pesquisador-pedagogo e de criador-coreógrafo (ele mesmo dançou por anos, até que um acidente ocorrido no palco o impediu de continuar), fundando e dirigindo escolas e coros[72] e trabalhando entre entusiasmos e incompreensões nos maiores teatros alemães, até obter, por volta dos anos de 1930, uma espécie de canonização artística nos dois principais templos do melodrama: o teatro wagneriano de Bayreuth e a Ópera de Berlim[73]. Conseguiu impor, aos poucos, também através de seus alunos, a sua dança livre como "nova dança" alemã, e a sua concepção psicofísica do movimento no espaço como princípio pedagógico eminente. Encontrou, mais tarde,

---

71 O mais célebre dos Bewegungschöre foi o de Hamburgo, fundado por Laban durante o inverno de 1923-1924 e dirigido em seguida por seus alunos; ali ele articulou a teoria e a prática do coro de movimento. Coros foram criados em muitas cidades da Alemanha, alguns dos quais ligados ao movimento operário, como publicado no *Arbeiterbühne*, periódico da Liga de Teatro Operário Alemão.

72 Informações sobre as escolas surgidas na década de 1920 são fornecidas em Paul Stefan (Hrsg.), *Tanz in dieser Zeit*, Wien/New York: Universal, 1926.

73 Sobre a atividade de Laban como coreógrafo, ver dentre as referências em italiano Aurel M. Milloss, Laban: l'apertura di una nuova era nella storia della danza, em Leonetta Bentivoglio (a cura di), *Tanztheater: dalla danza espressionista a Pina Bausch*, Roma: Di Giacomo, 1982. Ver também L. Bentiroglio, *La danza contemporanea*, Milano: Longanesi, 1985, assim como Roger Garaudy, *Dançar a Vida*.

em alguns de seus alunos, como Mary Wigman e Kurt Jooss – certamente as figuras de maior relevo da nova dança –, os tradutores e elaboradores mais criativos de suas teorias, cuja inevitável dose de infidelidade metodológica era eclipsada e superada pelas excepcionais capacidades expressivas e artísticas individuais. Formou uma ótima leva de professores de dança e dançarinos, mas com ele também saborearam o gosto e o domínio do movimento expressivo vilarejos inteiros, batalhões militares, trabalhadores de fábricas, grupos esportivos, além de milhares de crianças em idade escolar[74]. Sofrendo oposição das instituições nazistas, com as quais havia convivido e colaborado até então, por conta da mudança da política cultural e também em função de sua declarada ligação com a maçonaria, Laban emigra, em 1936, primeiramente para a França e, em seguida, para a Inglaterra. Em Manchester funda um estúdio para o desenvolvimento da arte do movimento, no qual se dedicou prevalentemente à aplicação de seus princípios formativos na escola e no mundo do trabalho, âmbitos nos quais concentrava suas esperanças relativas à vocação popular para a eucinética, desenvolvendo ulteriormente a sua pesquisa sobre o esforço e o ritmo no movimento e aperfeiçoando o seu método de escritura da dança[75]. O Trinity Laban Conservatoire of Music and Dance, com sede em Londres, administra e difunde até hoje a sua herança.

Dalcroze e Von Laban são, sem dúvida, os dois teóricos e pesquisadores do âmbito da *Körperkultur* que mais influenciaram o teatro de seu tempo e o do futuro. São, além disso, os exemplos mais marcantes da conexão profunda entre pedagogia e teatro instaurada naqueles anos, sendo eles próprios, o professor e o criador teatral que parecem inverter os papéis, os maiores promotores dessa conexão. Embora as visões que tinham do movimento expressivo como fulcro da formação do

---

74 Laban divulga a complexidade de suas ideias e experiências também em *Gymnastik und Tanz* e *Des Kindes Gymnastik und Tanz*, ambos publicados em 1926, pela Staling, em Oldenburgo.
75 Os seus textos mais conhecidos foram produzidos nesse período, tais como: *Effort: Economy of Human Movement* (1947); *Modern Educational Dance* (1948); *The Mastery of Movement on the Stage* (1950); *Principles of Dance and Movement Notation* (1954) publicados pela Macdonald & Evans, em Londres.

homem e do artista, antes de se dar como linguagem teatral, nascessem da mesma necessidade de regeneração e elevação psicofísica, distanciavam-se em função dos interesses diversos que guiavam os seus modos de atuação.

Dalcroze, que vinha dos estudos musicais e espelhava de maneira ortodoxa o pensamento estético alemão que descendia em linha direta de Schopenhauer (através de Wagner e Appia), fazia o movimento derivar e depender da música, que ditava os seus ritmos, significados, formas, o organizava no espaço e prescrevia suas leis. O homem harmonioso, que sonhava criar, era o perfeito tradutor, no tempo e no espaço, de uma essência rítmica universal, transcendente, que somente a música podia destilar e lhe transmitir como guia: o homem, portanto, como instrumento sensível e bem afinado, tornado vivo e vibrante somente através da música que o anima e que ele transmite em um processo que subordina a arte da expressão física à da expressão musical. Von Laban, formado, por sua vez, na atmosfera das vanguardas pré-expressionistas, herdeiro da linha estética Nietzsche-Fuchs, colocava na origem e ao centro do processo dinâmico expressivo somente o homem em sua totalidade psicofísica e dele fazia descender os modos, os significados e as leis do movimento. O seu homem novo traduzia em manifestação rítmica exclusivamente os próprios impulsos e ritmos fisiológicos, emocionais e intelectuais, era criador, meio e norma da própria dança, expressão não mediada da harmonia de sua vida e instrumento de acorde sintônico com a harmonia da vida universal.

Essas diversas visões – que foram traduzidas frequentemente de maneira banal através de polêmicas ocorridas entre os seguidores, críticos e apreciadores de ambas escolas, que opunham de maneira simplista o primado da música àquele da dança e vice-versa – quando analisadas mais cuidadosamente, mostram duas diferentes atitudes pedagógicas e ideológicas. Dalcroze, proveniente da atividade de ensino (da música, em particular), persegue fundamentalmente uma didática para a educação *à* harmonia psicofísica do indivíduo e, portanto, experimenta novos e criativos modos de transmissão – sensíveis e funcionais às novas exigências pedagógicas – de um patrimônio artístico e cultural de valor adquirido (a música); Laban, proveniente da arte (e do teatro, em primeiro lugar), busca provocar um processo pedagógico para a formação do indivíduo *na* harmonia psicofísica e, portanto, cria as circunstâncias, os estímulos, as técnicas através dos quais possa nascer a manifestação harmônica de um novo patrimônio de conhecimentos (a dança). Dalcroze parece, consequentemente, exprimir uma tendência mais substancialmente reformista: um iluminado e genial reformismo, capaz de regenerar e tornar férteis elementos da tradição, enquanto Laban faz transparecer uma óptica mais revolucionária, uma vez que busca fundar uma nova tradição.

Em campo pedagógico essas tendências divergentes se verificam com clareza nos resultados: de Dalcroze descende um verdadeiro "método" de ensino, que pode ser difundido em larga escala, mesmo em nível escolar institucional; de Laban, uma atitude pedagógica que pode dar frutos somente em uma situação laboratorial e assume um caráter diverso a partir dos mestres que o praticam.

Em campo teatral se traduzem em poéticas coerentes que produzem ressonâncias em âmbitos diversos. Dalcroze foi promotor de um princípio ordenador unitário para a obra de arte teatral, de uma organização rítmica pré-ordenada da expressão estética, à qual cada elemento cênico deve responder, formando um ponto de referência substancial para o recém-criado teatro de direção. Laban foi o defensor de uma arte teatral global e unitária, pois fundada na liberação e autorregulação da criatividade individual e coletiva, pela qual se interessaram os movimentos de vanguarda[76] (em primeiro lugar os expressionistas, mas também os dadaístas[77] e os surrealistas) e todos os artistas pesquisadores que buscavam recriar o teatro como expressão direta dos homens que o faziam (atores ou dançarinos). Em ambos os casos, de qualquer forma, a proposta teatral era estética e ética ao mesmo tempo, mas enquanto no primeiro a valência ética era gerada pela adesão voluntária a

---

[76] É interessante notar como o futurismo, que aspirava igualmente a uma nova dinâmica do corpo humano e incluía a dança em seus experimentos teatrais, usava as pesquisas dinâmicas da nova dança preenchendo-as com uma ideologia diversa: o movimento rítmico humano em sintonia não mais com a natureza, mas com os ritmos mecânicos das máquinas e do progresso industrial.

[77] A escola de Laban teve uma relação estreita com o dadaísmo e as suas alunas se apresentaram frequentemente no Café Voltaire.

uma concepção estética totalizadora *a priori*, no segundo, era o valor estético que nascia de uma voluntária pesquisa ética.

Entre os anos de 1910 e 1920, o problema de uma "*künstlerische Körperbildung*", ou seja, da formação física do indivíduo sob o signo da arte, torna-se na Alemanha um compromisso pedagógico-social de primeira importância. Até mesmo o Ministério da Educação, pressionado pelas solicitações de círculos de jovens, assim como pela ala mais progressista de professores, patrocinou várias iniciativas, enquanto as "províncias pedagógicas", quase sempre com administração própria, organizadas privada e coletivamente, multiplicavam-se em todo o país. Nasceram, assim, descentralizados no campo, numerosos centros de formação especializados e escolas experimentais, onde ginástica rítmica e dança exerciam um papel fundamental. Somente para citar os exemplos mais ilustres, em Wickersdorf, Martin Luserke, pedagogo e ensaísta, diretor da revista *Freie Schule*, em sua Freie Schulgemeinde (Comunidade Escolar Livre) experimenta métodos pedagógicos avançados e utiliza a rítmica dalcroziana e a dança como indispensáveis fundamentos de expressão estética da criança em sua formação escolar[78]; no Schloss Bieberstein, nos arredores de Fulda, nasce o Seminar Für Klassische Gymnastik, centro de formação que utiliza um método desenvolvido a partir do modelo grego e apoiado em um rigoroso estudo anatômico; Rudolf Bode implanta em Munique o seu instituto de rítmica, que polemizará com o mestre Dalcroze; Elisabeth Duncan, após ter dirigido a partir de 1904 uma escola substancialmente delsartista em Berlim, transfere-se para o interior, fundando um instituto permanente em um castelo próximo a Darmstadt[79].

A fim de ter uma visão mais complexa do fenômeno, cabe considerar outras experiências, ainda que ocorridas em um âmbito diverso. Exatamente naqueles anos, Rudolf Steiner definia na Suíça, com grupos de seguidores e alunos da Sociedade Antroposófica, a nova arte dinâmica da euritmia, "palavra visível",

---

78 Martin Luserke é autor de vários textos sobre a relação entre pedagogia, teatro e dança. Ver sobretudo *Über di Tanzkunst*, Lauenburg: Saal, 1920, obra em que expõe teorias próximas às de Dalcroze.
79 Informações sobre essas escolas podem ser encontradas nos textos já citados.

segundo a qual – como a música em Dalcroze – a palavra e o som ditavam ao corpo o ritmo do movimento; e, pouco depois, George J. Gurdjieff fundava um instituto-monastério em que ginástica e dança eram instrumentos de liberação das emoções individuais e de ascese, mantendo uma estreita ligação com os dalcrozianos. Essas disciplinas, ambas de caráter esotérico, embora não alcançando a difusão daquelas de origem pedagógica ou teatral, foram conhecidas e seguidas em seu desenvolvimento pelos pesquisadores da *Körperkultur* e tiveram um influxo sutil, mas penetrante, sobretudo na construção da "filosofia da dança" que emergiu na década de 1920.

A guerra interrompe somente por um breve período, ou melhor, detém sensivelmente a progressiva difusão da cultura física na Alemanha, mas ao mesmo tempo favorece, com a emigração forçada de muitos mestres, a sua propagação nos países vizinhos, sobretudo na Suíça – cuja neutralidade oferecia um asilo seguro – mas também na Holanda e nos Países Baixos, na Áustria e até na América do Norte. Com o fim do conflito, todavia, no clima democrático e aberto à experimentação da cultura de Weimar, a *Körperkultur*, reforçada e aprofundada através das experiências em terras estrangeiras, explode com força e, durante os anos da República, constituirá um ponto de força e uma preocupação constante para todos aqueles que se ocuparão de problemas educacionais e sociais. O movimento juvenil, então, através de seus ramos associativos como o Wandervogel e a Freideutsche Jugend, fará dela o eixo das próprias ações, desenvolvendo-a tanto em termos formativos como artísticos[80].

80   Em um panfleto da Freideutsche Jugend, de 1918, Alfred Kurella, que mais tarde organizará o movimento juvenil de esquerda, escreveu: "um tema que há tempo exerce um papel importante na comunidade juvenil: o sentimento do corpo e a sua educação. Certamente, não é exagero dizer que considero que esse tema estará em pouco tempo em primeiro plano, ou mesmo no centro do movimento juvenil. Nele veremos fundar o caminho que as comunidades que pesquisam autonomamente encontraram ou encontram por percursos transversais: canto e dança, e ainda todas as manifestações vitais como 'constituir-se da forma interior, em que o impulso é organizado em direções ordenadas'. Aquela ordem de direção que é obtida através da 'formação a partir do interior, através da respiração de um ritmo medido'" (citado em F.H. Winther, *Körperbildung als Kunst und Pflicht*, p. 52-53). As citações internas ao fragmento de Kurella foram extraídas do texto de Hans Hackmann, *Die Wiedergeburt der Tanz-und Gesangskunst aus dem Geiste der Natur*, Jena: Diederichs, 1918. Do ponto de vista mais estritamente teatral, o movimento juvenil burguês se empenhará

Característica de todo o movimento pela cultura do corpo foi a sustentação produzida por uma vastíssima literatura, que permitiu a alguns editores não somente fundar revistas ou coleções, mas até mesmo especializar-se completamente nessa corrente, obtendo sucesso econômico e beneméritos sociais[81]. Em primeiro lugar, escreveram os protagonistas, os mestres e os pedagogos de ginástica e de dança, que expõem as próprias teorias e ilustram os próprios métodos; em seguida, ativos como raramente acontece de ver, os críticos e os estudiosos, intelectuais que testemunham, interpretam e ordenam os eventos e as experiências, dialogam com os experimentadores, tomam partido de um ou de outro, expondo-se pessoalmente, participam frequentemente de atividades ou elaboram teorias, revelando uma atitude verdadeiramente "orgânica" com relação ao movimento (e será difícil localizar uma voz contrastante relevante nesse caso). Alguns desses, como Hans Brandenburg, Fritz Winther, Hans Hackman, revelaram-se fundamentais pela proposição, esclarecimento e discussão de temas e problemas que no âmbito da prática às vezes não encontravam uma consciência teórica adequada; e isso apesar de ser costume o fato de tratados mais técnicos serem acompanhados de dissertações de tipo teórico ou mesmo filosófico, compreensíveis no caso de uma disciplina que pretende fincar as próprias raízes em um campo especulativo universal como é o da natureza do ser humano e de sua formação e expressão.

Alguns dos primeiros estudos se tornarão verdadeiros breviários, continuamente citados e quase venerados por aqueles que nos anos sucessivos operaram ou refletiram sobre a *Körperbildung* (fontes preciosas para quem estuda esse tema hoje). Primeiro dentre todos, em função de seu caráter teórico geral e do panorama crítico que lança sobre todas as experiências e ideias pedagógicas contemporâneas acerca da ginástica e da dança, *Körperbildung als Kunst und Pflicht* (Formação Física Como Arte e Dever), de Fritz H. Winther, publicado em 1914 e

---

na elaboração do *Laienspiel*, forma que recupera tradições populares, cantos, lendas e danças que buscavam a espontaneidade e simplicidade do *Volk*, e na qual se depositava a sua capacidade rítmico-expressiva. Ver infra, p. 119.

81 Entre essas editoras de grande empenho e sucesso, gostaríamos de mencionar especialmente a Delphin, de Munique, e a Eugen Diederichs, de Iena.

objeto de muitas edições revistas e atualizadas, ao lado de outra publicação mais voltada também para a arte e para o teatro, *Der moderne Tanz*, de Hans Brandenburg (primeira edição em 1913 e mais tarde ampliada em 1917 e 1921), que apaixonadamente indaga e percorre o desenvolvimento da rítmica e da nova dança alemã através de uma militância pessoal e de uma aguda sensibilidade estética em relação à sua época[82]. Além desses, ocorre acrescentar em âmbito especulativo-filosófico, *Die Wiedergeburt der Tanz-und Gesangskunst aus dem Geiste der Natur* (O Renascimento da Arte da Dança e do Canto a Partir do Espírito da Natureza) de Hans Hackman, de 1918[83]. É significativo observar como quase todos os textos especializados ou de divulgação do primeiro período (os quais seria supérfluo examinar aqui detalhadamente[84]), com títulos que parecem estar relacionados com a cultura física, com a dança ou a ginástica, tratam, na realidade, de cada uma dessas práticas unificadas sob o impulso de tensões que, entrelaçando a finalidade ética à estética, impedem a separação forçada dos gêneros.

Por volta de 1920 consolida-se no pensamento pedagógico, assim como no artístico (e sempre mais aceito pela cultura média), o conceito de uma ligação indissolúvel entre corpo e alma (*Seele*), e entre expressão e formação física e espiritual, espelho da conexão natural da tríade corpo-alma-intelecto. Em particular, o movimento, reconhecido então como manifestação física da alma, além de instrumento de conexão com a natureza, passa a ser cada vez mais um meio expressivo, e o trabalho de pesquisa e de aperfeiçoamento artístico do movimento expressivo é, ao mesmo tempo, crescimento espiritual e psíquico.

Surge, em 1921, um dos textos mais significativos nesse sentido, talvez o que mais conscientemente divulga esses princípios e que, a partir de então, se tornará fundamental para a cultura do corpo em termos teóricos – *Die Entwicklung der Seelenkräfte als Grundlage der Körperkultur* (O Desenvolvimento das Forças

---

82   Ambos já citados.
83   Jena: Diederichs.
84   Recordemos alguns dos mais completos: Ernst Schur, *Der moderne Tanz*, München: Lammers, 1910; Frank Thiess, *Der Tanz als Kunstwerk*, München: Delphin, 1920; Ludwig Pallat, Franz Hilker (Hrsg.), *Künstlerische Körperschulung*, Breslau: Hirt, 1923.

Espirituais como Fundamento da Cultura do Corpo)[85] –, de Hans Hackman, que aborda em sentido mais estritamente pedagógico os temas tratados em seu ensaio precedente já mencionado. É retomado, nesse caso, o ditado delsartiano das três expressões humanas como manifestações sensíveis das três partes constitutivas do ser humano; palavra, voz e movimento, sob as três espécies artísticas, atuação, canto e dança (ou ginástica rítmica), unidos à educação do querer, do sentir e do imaginar e à experiência das leis do espírito, são instrumentos fundamentais para o percurso em direção à desejada "verdade" de uma formação física e espiritual no "sentido do espírito da natureza". Isso envolve naturalmente uma difícil pesquisa sobre si mesmo, cujos fins parecem inicialmente distantes e incertos, e que impõem um esforço ético constante, unindo discípulo e mestre em uma espécie de "educação permanente" em que o valor reside mais no percurso a ser seguido do que no alcance da meta. As palavras de Lessing, com as quais se conclui o livro, podem constituir o lema de tantos laboratórios e escolas daqueles anos e resumem a sua atitude: "O que constitui o valor do homem não é a verdade, que o homem possui ou crê possuir, mas o esforço sincero que fez para descobrir a verdade. Pois não é através da posse, mas da busca pela verdade que essas forças se ampliam e nisto consiste a sua crescente perfeição."[86]

Sobre essas bases é cunhada, no início dos anos de 1920, a verdadeira palavra de ordem da cultura do corpo, *Körperseele*[87], o "corpo-alma". A partir de então passa a ser determinante o influxo da "nova dança" teatral, que irá se configurar como expressão viva desse neologismo.

Após os anos de guerra, a nova dança alemã havia assumido formas definidas e consistência (e a pesquisa de Laban contribuiu teórica e praticamente para isso, fornecendo uma base psicofísica para uma série de talentos e personalidades singulares) e se autodefinia "expressionismo da alma", onde o termo "expressionismo" significa, segundo Werner Suhr, crítico contemporâneo

---

85 Jena: Diederichs.
86 H. Hackman, *Die Entwicklung der Seelenkräfte*, p. 103.
87 Esse termo terá a uma maior difusão através do texto de Fritz Giese, *Körperseele Gedanken über persönliche Gestaltung*, München: Delphin, 1924.

extremamente respeitado, "a mais articulada manifestação de nossa íntima e profunda experiência interior, a criação do eu que dá e toma forma"[88]. Frequentemente, a partir dessas bases, a dança reivindicava uma vocação mística, um caráter de sacralidade que exaltava o sentido de ascese espiritual, assumindo em alguns momentos as cores do êxtase ou da magia[89]. Fritz Böhme, crítico sensível, em seu importante ensaio *Der Tanz der Zukunft*[90], de 1926, expõe com grande lirismo e paixão a *Weltanschauung* mística da nova dança no momento de sua mais madura definição, condensando definitivamente nela a corrente mais sugestiva do pensamento precedente. A dança assume um papel único e primário entre as artes. "Nas outras artes Deus se verte no homem; na dança é o homem que flui do seu interior em direção a Deus, elevando-se até Deus." É o movimento que permite esse processo, colocando a esfera do Eu em relação com o princípio motor do cosmos, através da adesão às leis naturais do movimento e do espaço. A dança é, portanto, "experiência do cosmos em forma de movimento". Por isso, na verdadeira dança (aquela que ele deseja para o futuro e para a qual propõe como pontos fixos de referência a pesquisa de Laban, a prática de Wigman, o *Triadisches Ballett* de Schlemmer, e o uso musical da luz e das cores experimentado pela *Farblichtmusik*) não pode existir pantomima, nem *mímesis*, nem virtuosismo, mas somente a capacidade pessoal de deixar-se penetrar pelo ritmo cósmico, elevar-se com ele e trazer consigo os espectadores. Assim, a dança passa a ser um "serviço sagrado" que deve ser executado com humildade, colocando à disposição na relação entre humanidade e divindade a própria alma e o próprio corpo[91].

[88] Werner Suhr, *Der Kunsterische Tanz*, Leipzig: Siegels, 1924, p. 94.
[89] A dança místico-estática terá como maior expoente Charlotte Bara, conhecida como a "dançarina santa". Os estudos mais importantes são F.H. Winther, *Der heilige Tanz*, Rudolfstadt: Greifenverlag, 1923; e F. Böhme. *Tanzkunst*, Dessau: Dunnhaupt, 1926. Vale acrescentar para o teatro *Das Ekstatische Theater*, de Felix Emmel, Prien: Kampmann & Schnabel, 1924, que em muitas partes se aproxima dos textos citados. Emmel foi presidente de uma associação de diletantes, a Deutsche Tanzgemeinschaft. Ver, em italiano, sobre Emmel, a obra de Umberto Artioli, *Il ritmo e la voce...*, p. 159-195.
[90] München: Delphin.
[91] Ver F. Böhme, *Der Tanz der Zukunft*, p. 50-55. Ele fecha o seu texto com uma *Oração do Dançarino* que representa talvez o momento de maior exaltação da visão mística da dança artística:

Sagrada ou profana, além das várias execuções, das técnicas e dos estilos pessoais, assim como dos conteúdos emotivos e intelectuais, a dança é, de toda forma, o reino absoluto da *Körperseele*, o corpo agido pelo espírito, expressão física da alma do indivíduo (Ausdruckstanz). E o teatro funciona, nesse caso, como experimentação de ponta que tem raízes no social e se propõe como campo de verificação dos protótipos mais aperfeiçoados de projetação de uma nova humanidade. A relação tradicional entre teatro e social se modifica, muda a substância de sua dialética. Não mais, portanto, teatro como espelhamento, interpretação artística ou crítica da realidade, mas proposta viva de modos e instrumentos para uma nova realidade possível, experiência vivida pelo artista e experienciável por qualquer ser humano. Na busca da própria renovação o teatro extrai do social, fundindo-se com ele, uma dimensão talvez esquecida ou nunca antes conhecida nestes termos de prática de vida: uma ética de pesquisa, de refundação, não somente no âmbito da forma e do conteúdo, mas sobretudo no âmbito do sentido e das finalidades do próprio existir. O social, por sua vez, recebe do teatro, que está se revitalizando, estímulos teóricos e exemplos instigantes muito mais eficazes por serem emanações diretas e propagações que exploram sua própria tensão formativa.

A nova dança, em sua concepção mais teatral, dá-se ainda como um fenômeno sobretudo feminino, e tal fato ocorre devido a dois problemas já mencionados e ligados à reforma da cultura física em curso: de um lado, a marginalidade das mulheres nas iniciativas propostas pelo Jugendbewegung, que

> "Que cada movimento teu passe da rigidez à leveza
> Que cada movimento teu tenha por sagradas as leis do corpo e do espaço
> Que cada movimento teu emerja das profundezas do corpo e da alma
> Que cada movimento teu seja independente dos moldes terrenos
> Que cada movimento teu seja preenchido pela energia formadora que emana no espaço
> Que cada movimento teu venha de uma alma liberada dos vínculos acidentais
> E que viva em ti uma outra pessoa: que leves a sua alma junto com a tua ao coração de Deus
> E que ore a Deus junto aos outros: que estejas livre das agitações da sexualidade terrena, livre para a união com Deus.
> Que o teu movimento seja um chamado àqueles que o veem para sair da prisão e, como uma corrente da paixão no espaço, como algo que vai além das fronteiras terrenas, para entrar em Deus" (p. 54-55).

as deixava livres para – ou lhes permitia somente – canalizar em direção estética ou em termos mais individuais as próprias pulsões liberatórias e potencialidades criativas; de outro, a maior propensão da personalidade feminina para uma atividade expressiva que não teme revelar inclusive os aspectos instintivos e irracionais do ser e, pelo contrário, utiliza tais aspectos de maneira consciente. Portanto, se a teoria da dança pertencia a um âmbito masculino, a mais eminente prática artística – salvo exceções como Max Terpis, Kurt Jooss e Harald Kreutzberg – está ligada a nomes femininos, desde as pioneiras como Sent M'ahesa, as irmãs Wiesenthal, Gertrud Leistikow, as irmãs Falke, Niddy Impekoven até Charlotte Bara e Dussia Bereska, Valeska Gert, Gret Palucca, e a maior de todas, Mary Wigman[92].

Em sintonia com o caráter individualista da dança expressiva – essas artistas dançavam quase exclusivamente como solistas – elas mostram caracterizações estilísticas precisas, demonstrando fortes personalidades cênicas. Elaboram, sobre bases labanianas ou dalcrozianas, técnicas pessoais, colorindo-as com reflexos visíveis da própria alma individual: conhecimentos, crenças, sugestões, mitos, tabus. Mas, na dança dinâmica e emotiva desse novo teatro do eu repercutem e afloram, periodicamente, como influências e motivações primárias formais e conteudísticas, também temas, aspirações, modas e obsessões da cultura artística do momento, filtradas e escolhidas de acordo com inclinações pessoais, em uma iridescente variedade e heterogeneidade de soluções que têm em comum o credo da liberdade expressiva.

Convivem, assim, em cena, em uma temporada de dança e teatro cuja fertilidade e criatividade é mais presente na práxis artística do século XX do que na reflexão crítica, danças obscuras e silenciosas, povoadas por fantasmas de vida e de morte, cheias de gestos fragmentados e dolorosos, que traduzem o grito expressionista da psique de uma geração dilacerada pelo medo e pela impotência (Wigman)[93]; danças exóticas ou exotistas que

---

92 Além da já citada *Der moderne Tanz*, de Hans Brandenburg, as novas dançarinas que surgiram na década de 1920 são referidas em W. Suhr, *Der Künstlerische Tanz*. Sobre a relação entre Ausdruckstanz e Jugendbewegung, ver L. Bentivoglio (a cura di), op. cit., p. 57-61.

93 Foi intensa a relação entre Mary Wigman e o teatro expressionista; a sua dança era considerada exemplar da nova expressividade, e a sua escola em Dresden

retomam e manipulam os temas orientais ou reconstroem o classicismo estranho e bidimensional das imagens do antigo dançar egípcio ou assírio, seguindo a onda da paixão pelos rituais estranhos (M'ahesa, Hegesa); danças místicas e espirituais, que transbordam uma religiosidade mais ou menos ortodoxa, composições góticas de êxtase e arrebatamento, que mal tocam o solo e espelham a necessidade de sublimação de uma fisicalidade redimida (Bara); danças de puro dinamismo e exuberância física, com saltos e corridas enlouquecidas, exaltação estética do mito do corpo liberado e soberano (Impekoven, Palucca); danças rítmicas e compostas, tradução harmônica e mitificada do reconquistado helenismo dos baixos-relevos, reino de simetrias graciosas e túnicas suavemente ondulantes (*rhythmiciennes*); danças aéreas e luminosas, com saias palpitantes, cachecóis, véus que brilham à luz do sol ou dos refletores, voos de mágicas borboletas e pássaros do paraíso envolvidos por rajadas de valsa, sonho caramelizado de um abraço com a natureza (Wiesenthal, Leistikov). E, ao lado dessas, as poucas, mas interessantes, danças corais femininas ou masculinas, que reproduzem escalas de intensidade do movimento expressivo semelhantes aos crescendo musicais, geométricas e ritmadas, permeadas por vetores de impulsos contrapostos, jogo dinâmico e estático de simetrias e oposições, território experimental de novas dinâmicas coletivas e de novas ritualidades sociais (coros de Laban e Wigman).

Os poucos elementos colocados em jogo na execução teatral, além do corpo do dançarino, são também bastante diferenciados. A música põe em campo todos os seus gêneros e utiliza todos os níveis: da ausência total em muitas danças silenciosas às batidas rítmicas e primitivas dos tambores e percussões, os motivos populares, as cantilenas exóticas, os *"lieder"*, as clássicas sonatas para piano, as românticas valsas vienenses, as grandes peças sinfônicas, as músicas de vanguarda, e aquelas compostas a partir dos ditados rítmicos do movimento. A cena

> era frequentada por atores. Foi reconhecida, juntamente com Jooss, como pioneira da dança expressionista. Ver Mary Wigman, *Deutsche Tanzkunst*, Dresden: Reissner, 1935 e *Die Sprache des Tanzes*, Stuttgart: Battenberg, 1963. Sobre Wigman, ver, ao menos Rudolf Bach, *Das Mary Wigman Werk*, Dresden: Reissner, 1933; e Hedwig Müller, *Mary Wigman. Leben und Werk der Grossen Tänzerin*, Weinheim-Berlin: Quadriga, 1986.

é geralmente vazia, nua, contornada por rotundas e painéis, espaço neutro que será definido e ganhará vida através das linhas de movimento. O figurino espelha e ressalta o caráter da dança a serviço do corpo e da expressão: túnicas leves que liberam e enfatizam o movimento, longas vestes hieráticas folheadas de ouro e púrpura que propiciam misteriosos rituais, grotescas capas de bruxo que deformam os membros, grandes asas luzentes e vibrantes de gigantescas borboletas, faixas, drapeados e penteados vindos das tumbas egípcias, amplas saias plissadas e rodadas; abolindo toda a indumentária tradicional do balé, as pernas frequentemente estão nuas, assim como os pés e os braços. Quase absolutamente ausente da cena o nu integral, amplamente utilizado pelos dançarinos nos exercícios ao ar livre e talvez ainda mais usado pelos diletantes, além de muito adotado nos serviços fotográficos[94]. Algumas vezes, sobretudo no âmbito mais claramente expressionista, são usadas máscaras no rosto, grotescas e deformadas ou frias e impenetráveis para ressaltar a expressividade do corpo.

Os modos técnicos de execução da nova dança, ainda que altamente personalizados, derivam claramente dos mestres-teóricos, do exemplo dos pioneiros e de uma pesquisa individual em que um papel determinante é deixado ao autodidatismo, à improvisação, à espontaneidade, sobretudo se sustentadas pela fantasia e pela forte presença cênica. A busca obsessiva pelo novo, própria de toda a experimentação artística de Weimar, e do "originário-natural", típica da *Körperkultur*, se por um lado tornam possível a manifestação e a afirmação de novos talentos, inclusive muito jovens e ricos de *Naivität*, por outro, acabam alimentando certa aproximação técnica e estilística, além de um gosto duvidoso, enquanto a facilidade de sucessos efêmeros fragiliza a seriedade da pesquisa em alguns casos.

Em linhas gerais, a nova dança é composta de sequências livres e dinâmicas que se valem amplamente das leis de oposição e sucessão de movimentos definidas por Laban e pelo princípio geral do fluxo e refluxo de energia que Mary Wigman, a mais rigorosa pesquisadora dentre as dançarinas, expressará

---

94 O nu está presente nos textos sobre a *Körperkultur* com imagens de uma juventude robusta e feliz. A nudez na dança é teorizada por Werner Suhr, *Der Nackte Tanz*, Hamburg: Laurer, 1927.

através dos termos "Anspannung-Abspannung" (os quais contemporaneamente serão definidos como "contraction-release" por Martha Graham nos Estados Unidos), e que constituirá a base de toda a dança moderna. Trata-se de uma dança frequentemente áspera e imprevisível, com uma forte emotividade que nasce do uso dramático do corpo e da energia, rica de saltos, quedas, contrastes de direções, gestos fragmentados, desequilíbrios, aderente ao solo, mas improvisamente lançada ao alto, em que os elementos estático, dinâmico, semiótico e proxêmico são mobilizados a fim de produzir a máxima extrinsecação expressiva do movimento em si e em sua relação com o espaço, espaço sentido às vezes como matéria informe que deve ser plasmada e, às vezes, como inimigo que deve ser combatido.

Fortalecida por corresponder ao pensamento estético do momento, a nova dança logo conquista uma posição de destaque no teatro. Na segunda metade dos anos de 1920, ela compete com a dança acadêmica e a sua fascinante poética teatral-ritual faz nascer até projetos de edifícios pensados para abrigá-la[95]. Mary Wigman e a sua companhia feminina já são, então, um mito; em 1930, Laban é chamado para participar como coreógrafo do festival de Bayreuth (uma glória para qualquer coreógrafo) e do Teatro de Estado de Berlim; a dança alemã é exportada para a Europa e para o mundo através de turnês artísticas e fundações de escolas, especialmente nos Estados Unidos, onde o encontro com a "Modern Dance" americana estimula trocas e influências recíprocas.

A necessidade de transmitir a própria experiência de modo profissional e em larga escala, além de incentivar o rigoroso trabalho de pesquisa e de codificação de Laban em torno a um sistema de escritura que permitisse registrar criações tão pessoais quanto as originadas da dança livre, tornou indispensável a reflexão sobre as técnicas usadas e a sua definição, juntamente com a estruturação de métodos de ensino, que, mesmo protegendo ao máximo a pesquisa individual, geravam o risco de sufocar o potencial autocriativo da nova dança. Dançarinas e dançarinos da terceira geração seguiam, àquela altura, uma escola, um estilo, um gênero. Uma nova tradição teatral

---

95 Exemplar nesse sentido é o projeto apresentado pelo arquiteto Ernst Brandl, ver P. Stefan (Hrsg.),*Tanz in dieser Zeit*, p. 62.

era fundada[96] e se estabelecia, tendo como suporte normas, códigos, convenções cada vez mais definidos.

Se o teatro destacava-se novamente do social, ao reconstituir-se em instituição artística e cultural separada, deixava para trás rastros de um grande encontro: em nível palpável sobretudo técnicas, mas também atitudes e necessidades pedagógicas difusas, àquela altura já introjetadas e quase esquecidas dos princípios e necessidades que as haviam originalmente produzido[97].

A dança e a ginástica formativas, nesse momento já divididas como "gêneros", mas ainda ligadas pelos objetivos, difundem-se com progressão impressionante durante a década de 1920. A cultura do corpo venceu a sua batalha e a formação física é sentida como um dever consigo próprio e com relação às novas gerações, não somente ligado ao proveito individual, mas a um percurso voltado ao fortalecimento da humanidade, da nação, da raça, ou da classe, segundo cada tendência. Em 1925/26, *Wege zu Kraft und Schönheit* (Caminhos da Força e da Beleza), um filme da poderosa produtora cinematográfica nacional alemã UFA, que se tornou imediatamente famoso, removerá as últimas resistências. Em uma espécie de exaltada apoteose documentária, o filme apresenta reconstruções históricas dos jogos de ginástica da Grécia Antiga ao lado de modernas sequências extraídas do esporte, da dança, da ginástica, do excursionismo, através de imagens de uma juventude transbordando vitalidade, de corpos nus e dinâmicos imersos na natureza e de crianças cheias de saúde e de alegria; uma sociedade modelo oferecida e imposta à imitação para um futuro do país promissor. A difusão e o sucesso desse filme de propaganda, que oficializava também em nível estatal a *Körperkultur*, atingiram todos os cantos da Alemanha e todas as classes sociais[98] e conquistaram definitivamente a opinião pública.

---

96 É a tradição da já citada Ausdruckstanz, a da "dança expressionista" da qual descende o "teatro-dança" europeu. Esta linha foi consagrada na II Bienal Internacional de Dança de Lyon em 1986, onde genealogias e influxos foram reconstruídos. Ver S. Schlicher, *L'avventura del Tanz Theater*, Genova: Costa e Nolan, 1989.

97 Devemos pensar na persistência e nas influências encobertas e difundidas dessas aquisições nas experiências pedagógicas e teatrais do século XX.

98 Se a versão rítmico-expressiva da cultura física permaneceu prevalentemente em âmbito burguês, a gímnico-esportiva foi amplamente difundida na classe

Enquanto isso, ganhava corpo a grande implementação organizativa e comercial da cultura física. Os mestres das sempre mais numerosas escolas de rítmica e de dança já existentes no país se uniam em associações de caráter não somente cultural, mas também sindical; organizavam cursos de especialização para o ensino, seminários, debates públicos, congressos, publicavam seus anais e editavam anuários e almanaques muitas vezes caros e prestigiosos. As publicações continuaram a se multiplicar, revistas especializadas nasciam e prosperavam, enquanto muitas outras inauguravam colunas dedicadas ao assunto[99].

Pode-se reconhecer, em torno a 1926, o zênite da trajetória ascendente ideal do espírito da *Körperkultur* nos termos já referidos. Também a reflexão teórica como um todo parece atingir nesse momento o seu nível mais maduro e lúcido[100]; em seguida, os estudos se voltam significativamente para a sistematização do que já existe: o enquadramento histórico e as análises retrospectivas[101]. A partir de então seguirão a normalização e a rotina: a *Körperkultur* se institucionaliza em uma sólida e cada vez mais eficaz rede de difusão de nível médio e em métodos já diferenciados e consolidados pela prática.

Os mestres do período que antecede a guerra haviam gerado alunos e alunos de alunos; as "escolas" principais possuíam, ao fim dos anos de 1930, cadeias de institutos espalhados por toda a parte. Para que se tenha uma ideia aproximada dessa difusão,

---

operária e constituiu um dos pontos de força da propaganda e da ação direta das organizações juvenis de esquerda. Ver *Weimarer Republik* (catálogo da mostra), organizado por Kunstant Kreuzberg und dem Institut für Theaterwissenschaft der Universität Köln, Berlin/Amburg: Elefenten, 1977, p. 602-630.

99 Uma atualização sobre as associações, escolas, convênios, e seminários ocorridos nesse período pode ser encontrada em P. Stefan (Hrsg.), *Tanz in dieser Zeit*.

100 Surgiram em 1926: *Choreographie, Gymnastik und Tanz* e *Des Kindes Gymnastik und Tanz*, de R. Laban; *Der Tanz der Zukunft* e *Tanzkunst*, de Fritz Böhme; *Rhythmik, Theorie und Praxis der Körperlichmusikalischen Erziehung*, de Elfriede Feudel, colaboradora de Dalcroze, para citar somente os textos fundamentais. Em 1927, surgem ainda *Der Nakte Tanz* e *Das Gesicht des Tanzes*, de W. Suhr.

101 Entre esses, ver Rudolf Lämmel, *Der moderne Tanz*, Berlin/Schonenberg: Ostergaard, 1928; e o dicionário enciclopédico de Viktor Junk, *Handbuch des Tanzes*, Stuttgart: Klett, 1930, que propõe pela primeira vez uma visão sincrética de todos os fenômenos do movimento, das danças primitivas à dança moderna (republicação: Hildeshein/New York: Olms, 1977).

basta dar uma olhada à lista oficial das escolas regularmente autorizadas no ano de 1929 para a "formação física de crianças e adultos através da dança" na cidade de Berlim, publicada pelo Colégio Escolar da Província, que enumera 151 escolas e não inclui escolas de ginástica[102]. Enquanto avança a eficiência com relação ao mercado, decai na *Körperkultur* o espírito de pesquisa, o sentimento unitário, a necessidade de isolamento, a utopia experiencial – artística e existencial – dos dias de sua origem; toma lugar a moda, a propaganda e um generalizado e massificante conformismo.

A sociedade também transformava os seus sonhos, necessidades e projetos. Por um lado, a grande temporada cultural de utopias éticas e estéticas do expressionismo, da *Körperseele* havia se esgotado; a burguesa *Neue Sachlichkeit* acentuava a objetividade, um novo realismo, e também o marxismo revolucionário abraçava a normalização opaca do realismo socialista. Por outro lado, a nova ritualidade social elaborava formas de "liturgia" de massa sob o signo de uma crescente despersonalização: iniciava-se a época das grandes agregações esportivas, das grandes paradas civis e militares, dos grandes espetáculos de massa, das grandes festas populares, das grandes manifestações de ginástica, que chegavam a envolver dezenas de milhares de pessoas em rituais coreográficos numa atmosfera coral e colossal, onde o espaço, o ritmo, a dinâmica, a força, a harmonia imperavam, mas os corpos e as almas (as pessoas) perdiam a própria individualidade para assumir uma personalidade coletiva de difícil definição[103].

Essa é uma evolução ambígua, mas fascinante, que parecia prometer a realização do sonho labaniano do "templo

---

102 Ver Liesel Freund (Hrsg.), *Monographien der Ausbildungsschulen für Tanz und tanzerische Körperbildung*, Charlottenburg: Alterthum, 1929. O volume contém ensaios informativos sobre as maiores escolas de Berlim. É curioso observar que ao lado das escolas do método moderno se multiplicaram também as clássicas. O *boom* da educação rítmica fez passar para segundo plano a crítica originária em relação à "inatural" dança acadêmica.

103 O "gesto" de massa perdia inevitavelmente o caráter expressivo de sua forma individual, se tornava simbólico e estilizado; o indivíduo e a humanidade, aos quais se fazia referência ideal, haviam se tornado conceitos abstratos. Os problemas dos eventos de massa e da perda de individualidade foram manifestados por Béla Balázs, envolvido com o teatro operário. Ver B. Balázs, *Scritti di teatro*, Firenze: La Casa Usher, 1980.

dançante", e que, podendo ser usada e preenchida pelos sentidos diversos de diferentes ideologias, acabou culminando nas inquietantes celebrações de massa do nazismo[104]. Mesmo Laban, Wigman e muitos outros entre os maiores dançarinos e coreógrafos que, depois da onda individualista e de terem formado um número discreto de seguidores, dedicavam-se no teatro à elaboração e ao desenvolvimento de grupos e corais, foram atraídos, juntamente com muitos professores de ginástica, pelas enormes e inexploradas possibilidades corêuticas que essas grandes liturgias laicas ofereciam, seduzidos pela miragem da utopia realizada da *Körperseele* de um povo inteiro, expressa em um uníssono de alto nível estético. Também os críticos teorizavam sobre a necessidade da "dança alemã" (esse já era o nome dado à nova dança) assumir formas corais e de massa. Na última publicação coletiva após a mudança de regime de governo, que reúne escritos produzidos quando da ocasião dos Tanzfestpielen, dirigidos por Laban em 1934, e editada em 1936[105], é evidente a concentração de interesses nesse aspecto, bem resumido por Hans Brandenburg:

> A nova arte da dança está alinhada como os fenômenos do Laienspiel e do Sprechchor (coro falado) e com o novo sentido da festa. Com eles, quer penetrar na população, transformando o teatro de sociedade em teatro de comunidade, que une aos solistas profissionais o coro, ao invés dos figurantes, e que, como futuro teatro da nação, pode ser somente coral, pois deve simbolizar a relação entre massa e herói, entre Volk e Führer.[106]

Com esse ideal, também os mestres da dança organizaram festas populares, desfiles, celebrações, experimentando

---

104 A utilização de rituais festivos de tipo coreográfico foi feita pelas maiores forças políticas da época – social-democracia, comunismo e nacional-socialismo–, que se reconhecem no sonho comunitário do coro de movimento. Sobre a relação entre a dança e a rítmica com o nacional-socialismo, ver G.L. Mosse, *La nazionalizzazione delle masse*; ver também, sobre a práxis coral dos partidos de esquerda, Otto Zimmerman, *Maschine und Arbeit in Gestaltungen für Laientanz, Sprech-und Bewegungschor*, Leipzig: Arbeiter-Turnuerlag, 1930.

105 AA.VV., *Die tanzerische Situation unserer Zeit*, Dresden: Reissner. Contém ensaios de Laban, Wigman, Günther, Böhme, Brandenburg, Bach e muitos outros.

106 Von deutscher Tanzkunst. Rückblick und Ausblick, em AA. VV., *Die tanzerische Situation...*, p. 58. Se o Laienspiel era a forma popular de teatro dos diletantes burgueses, o *Sprechchor*, coro falado, era uma forma de recitativo dramático praticada pelos grupos diletantes operários. Ver, infra, p. 124-125.

figurações e dinâmicas muito eficazes. A memorável Olimpíada de Berlim de 1936 chegou ao ápice coreográfico dessa linha de pesquisa[107], contribuindo para a glorificação da ideologia que havia feito da superioridade da própria raça – manifestada também através da saúde e da harmonia do corpo – um de seus mais perigosos mitos fundadores. Entretanto, marcou também, ao indicar claramente as tarefas e os limites que lhe eram atribuídos, o nível de compatibilidade da nova dança com o regime, que já não tolerava a independência criativa que a caracterizava. Enquanto algumas das personalidades de maior relevo se adaptaram à nova realidade, recebendo em troca da concordância o prosseguimento de uma atividade certamente não exultante mas continuativa, outras escolheram o exílio mais ou menos voluntário[108].

NOTA SOBRE FRANÇOIS DELSARTE

Entre 1880 e 1900 não havia nos Estados Unidos escola de recitação, oratória, canto, ginástica ou comportamento que não se orgulhasse, com ou sem razão, do ensinamento pedagógico de Delsarte, cujo "sistema expressivo", mal conhecido, mal compreendido, reinterpretado e reduzido a boas pílulas para todo uso, formou o gosto estético acerca da expressão vocal e gestual de uma inteira geração de americanos, tanto na arte quanto na vida social. Uma florescência de manuais amplamente ilustrados e ricos de exemplos favoreceu uma "delsartização" difusa com a divulgação de escalas de exercícios gímnico-vocais graduados, que garantiam consentir não só a todo ator, cantor e locutor diletante ou não, mas também a toda moça de boa família, um porte harmônico e fisiologicamente correto, um

---

107 Contribuiu para a coreografia de massa da Olimpíada, entre outros, Wigman com um *Totenklage* (lamento fúnebre), que se tornou famoso.
108 Laban e Jooss emigraram para a Inglaterra, enquanto Wigman permanece ensinando na escola em Dresden (aberta em 1920) e em seguida em Leipzig e Berlim, até sua morte em 1973. Entre os mestres de disciplinas rítmicas adquiriram fama sobretudo Rudolf Bode e Dorothee Günther. Sobre a distorção ideológica da ética e da estética do movimento feito pelo nacional-socialismo, ver Jutta Klamt, *Vom Erleben zum Gestalten. Die Entfaltung schöpferische Kräfte im Deutschen Menschen*, Ulm: Hohn, 1937.

gesticular expressivo e convincente, uma voz educada e rica de tons, um falar fluente e incisivo[109]. Tudo isso invocando e aplicando até as últimas consequências, e frequentemente com grotesca ostentação, a fórmula mágica delsartiana que impõe o acordo de cada movimento expressivo exterior com o sentimento interior a ele ligado[110]. O resultado de tanto esforço louvável, quando um uso mais inteligente das intuições e das pesquisas do mestre não deu os frutos imprevistos e originais que veremos em seguida, foi, no pior dos casos, uma difundida afetação de espontaneidade e emotividade, revelada em um modo de falar e gesticular que exibia uma expressividade inútil e redundante[111].

O prevalecimento e a difusão da vulgata americana, a única documentada de forma mais completa, tornam difíceis a redescoberta e a compreensão sem preconceitos do autêntico ensinamento de François Delsarte (1811-1871), o semiesquecido mestre francês de "estética-aplicada". Nos anos entre 1840 e 1870, o seu estúdio parisiense foi efetivamente o laboratório de investigação e experimentação de um "sistema" da expressão estética tão rico de implicações teatralmente subversivas que constituiu, em seguida, um instrumento de máxima importância na passagem (que é ao mesmo tempo ruptura e evolução) da tradição "representativa" do teatro do século XIX à tradição "expressiva" do teatro do século XX. E é sob esse aspecto que a sua ação pedagógica adquire novo interesse e merece uma releitura mais atenta.

O que levava os alunos e os estimadores de Delsarte a frequentar o estúdio do Boulevard de Courcelles era antes de

---

[109] Dentre esses manuais o mais orgânico é *Delsarte System of Expression*, de Genevieve Stebbins. Sobre a divulgação de Delsarte nos Estados Unidos, ver Ted Shawn, *Every Little Movement: A Book about Delsarte*, New York: Dance Horizons, 1974.

[110] Uma curiosidade significativa: ainda em 1910, essa atitude em relação à doutrina delsartiana era questionada por uma canção de sucesso chamada *Every Little Movement* que fazia parte de uma comédia musical da época: *Madame Sherry*. Ted Shawn utiliza essa canção para intitular o seu livro.

[111] Essa atitude, hoje grotesca, é ridicularizada em uma obra publicada nos Estados Unidos – *How To Be an Absolutely Amazing Public Speaker Without Saying Anything*, New York: American Heritage, 1970 – parodiando o apreciado tratado de Edward B. Warman, *Gestures and Attitudes: An Exposition of the Delsarte Philosophy of Expression*, Boston: Lee & Shepard, 1892, que exerceu um papel importante no processo de delsartização nos Estados Unidos.

mais nada a fama singular do singular mestre. Conhecido como homem religioso e incorruptível, esposo e pai de proverbial ternura, tendo conseguido sair com as próprias forças de uma infância de infelicidade e miséria indescritíveis, com a voz prejudicada para sempre pelos obtusos ensinamentos que lhe foram dados no *Conservatoire*, hostil e inacessível ao mundo fátuo das cenas, relutante a exibir-se em público até mesmo a convite do rei, Delsarte ministrava os seus cursos em uma salinha da modesta casa na qual vivia em idílica harmonia com a família numerosa, com a tímida mulher, que o acompanhava no piano, e os filhos, que frequentemente vinham escutar e comentar as aulas. Atores e cantores de valor como Rachel, Malibran, Macready, Sonntag, advogados e religiosos como o juiz Duprés e o abade de Notre-Dame, músicos como Bizet e Rossini, literatos como Lamartine, Dumas, Gautier, artistas como Delacroix, juntamente com jovens alunos vindos de todos os lugares da Europa, participavam com reverência do ritual das aulas daquele homem modesto e amável, que se apresentava em longa túnica, chinelos e gorro, esperando a cada dia o momento milagroso da revelação. E o milagre pontualmente acontecia toda vez que o mestre, terminadas as explicações teóricas, para oferecer um exemplo aos alunos, erguia a sua voz velada e começava a recitar os versos de uma tragédia ou a cantar uma romança: ele então parecia sair de seu casulo informe e se transformava, aos olhos dos presentes, na encarnação viva da personagem representada, fosse esse um tirano perverso ou uma moça amedrontada; tornava-se um feixe de vibrantes paixões que jorrava sobre um auditório atônito e incapaz de resistir à emoção. Aos presentes se revelava, assim, a prova incontestável de como era realmente possível alcançar diretamente o coração do ouvinte, convencer, comover, persuadir, utilizando aquele novo, profundo conhecimento de si e dos próprios meios expressivos, que constituía o fulcro do difícil ensinamento do mestre, do qual se aproximavam geralmente mais por curiosidade ou insatisfação do que por real conscientização. E a atmosfera de exaltante serenidade, de cumplicidade espiritual e intelectual que o homem e o ambiente sabiam criar, tão incrivelmente distante da frieza impessoal das tradicionais aulas do *Conservatoire*, que todos bem conheciam, demonstrava-se o húmus mais propício e congenial ao processo pedagógico singular que ali se desenvolvia e que dele se alimentava.

Embora este tipo de descrição, que tenta restituir o eco da emoção com que os alunos e admiradores lembram as aulas de Delsarte[112], revele, pelo menos em parte, o singular carisma do mestre, não dá conta de suas teorias filosóficas e de sua prática de ensinamento, elementos entre si incindíveis.

Autodidata, profundamente crente, com alguma tendência à beatice, fortemente influenciado pela leitura platônica e escolástica, mas atraído pela cientificidade positivista e em certa consonância com o saint-simonismo, Delsarte havia chegado à definição do próprio sistema teórico por indução, partindo da observação sistemática das expressões humanas e buscando penetrar suas leis. Havia sido atraído por essa pesquisa, que se tornou o objetivo da própria vida, desde a adolescência, quando, consciente de que os ensinamentos de retórica, gestualidade e vocalidade que lhe foram ensinados no conservatório produziam expressões inaturais e falsas, mas incapaz de compreender por que razão, foi levado pela necessidade quase obsessiva de encontrar as leis naturais que governam os atos expressivos e que podem, somente elas, instituir a discriminação entre "verdade" e "falsidade" na expressão. Durante decênios de incansável estudo do homem visto nas situações mais variadas de sua existência (nos jogos da infância e no leito de morte, nos hospitais e nas festas populares, na rua e nos salões), tendo analisado e classificado milhares de fenômenos da expressividade humana, encontrou a sistematização ideal de todo o material colhido e a resposta definitiva à sua pergunta de fundo na formulação da *lei trinitária* e em sua aplicação estética[113].

---

112 Para informações sobre a personalidade e modos de ensinamento de Delsarte, ver Angélique Arnaud, *François Del Sarte, ses découvertes en esthétique, sa science, sa méthode*, Paris: Delagrave, 1882; e Percy MacKaye, *Epoch: Life of Steele MacKaye*, New York: Bony & Liveright, 1927.

113 É interessante notar que, se de um lado Delsarte preferiu desenvolver suas ideias sozinho, de outro, ele interagiu com o fermento que circulava na cultura parisiense e europeia; seria interessante, nesse sentido, apontar algumas copresenças. Em 1840, *De L'humanité, de son principe et de son avenir*, de Pierre Leroux, define uma ontologia muito próxima ao conceito trinitário; em 1853, Honoré de Balzac publica a sua *Théorie de la démarche*, estudo entre o sério e o lúdico da fisiologia da caminhada e das atitudes humanas; em 1858, Victor

O princípio regulador de cada coisa e do homem em particular é a *trindade*. O homem participa da tríplice natureza divina através dos seus três componentes constitutivos: *vida*, *alma* e *espírito*, que governam respectivamente o seu estado sensível (sensações), moral (sentimentos), intelectual (pensamento). A cada um desses três estados interiores corresponde uma modalidade expressiva exterior, indissoluvelmente interligada a eles: a voz para as sensações (vida); o gesto para os sentimentos (alma); a palavra para o pensamento (espírito)[114]. Não pode, enfim, existir "verdade" na expressão humana, se a manifestação, o movimento expressivo exterior, não corresponde a um respectivo impulso ou movimento interior (e vice-versa). Cada entonação, gesto ou palavra que não atenda a essa *lei de correspondência* fundamental será portanto falsa, afetada ou convencional.

E, retornando à estética, pois para Delsarte o *homem é o objeto da arte*, a tarefa da arte deve ser a revelação e a celebração do reflexo divino no homem hipostasiado em sua natureza trinitária, em uma perspectiva que tende a identificar o *belo* (atributo maior da vida) com a manifestação do *verdadeiro* (espírito) iluminado pelo *bom* (alma). Em sua busca estética, portanto, toda forma de arte não deve prescindir do conhecimento da lei geral e pode usar a *ciência da expressão* propriamente dita, que dela deriva, realizando assim um processo que Delsarte define como *estética aplicada*[115]. Serão particularmente favorecidas por essa aplicação as artes nas quais o homem, através do uso de suas três linguagens expressivas, é agente direto: a atuação, o canto e a oratória, principais temas do ensinamento no estúdio do mestre.

A inteira e complexa ciência da expressão elaborada por Delsarte é governada por um único princípio ordenador (*criterium*) universal, imediatamente derivado dos postulados

---

Cousin em *Du vrai, du beau et du bien* aplica, na teoria crítica da arte, teorias análogas às ideias de Delsarte. Além disso, a pedagogia se renova sobre os rastros de Pestalozzi, Herbart e Froebel; naturalistas e fisiologistas começam a dedicar-se ao estudo da mímica e do movimento nos homens e nos animais; na literatura o romantismo tardio convive com o nascente naturalismo; a antropologia conquista dignidade científica e a psicologia consolida as suas bases.

114 *Système de François Delsarte. Compendium*, Paris: Bibliothèque Nationale, tabela sinóptica.
115 F. Delsarte, Esthétique appliquée, op. cit., e o já citado livro de Angélique Arnaud.

precedentes, que permite a análise à prova de erro de cada fenômeno expressivo perceptível.

**Tabela Prática do *Criterium* Geral
Ou "Accord de Neuvième"**

		ESPÉCIE	
	Excêntrico	Normal	Concêntrico
GÊNERO Concêntrico	Excêntrico — Concêntrico	Normal — Concêntrico	Concêntrico — Concêntrico
GÊNERO Normal	Excêntrico — Normal	Normal — Normal	Concêntrico — Normal
GÊNERO Excêntrico	Excêntrico — Excêntrico	Normal — Excêntrico	Concêntrico — Excêntrico

Dada a presença simultânea e a interação no homem de suas três naturezas e dos estados determinados por elas, as linguagens expressivas, além de estarem ligadas entre si, também serão constantemente marcadas pelo tríplice influxo dos três estados dos quais são emanação direta. Delsarte define, portanto, o *gênero* de cada expressão de derivação *vital* como *excêntrico* (voltado para o exterior), de derivação *anímica* como *normal* (em equilíbrio entre externo e interno), de derivação *espiritual* como *concêntrico* (voltado para o *interior*), especificando, além disso, a sua *espécie*, ou seja, o tipo de influência que sobre ela exercem os outros estados concomitantes. O *criterium* geral se configura assim como uma tabela de nove seções derivadas do cruzamento dos três gêneros com as três espécies e segundo a qual cada movimento humano é definível. Prosseguindo nas especificações (e nas multiplicações por três), pode-se chegar com Delsarte a definições sempre mais detalhadas e minuciosas, até uma tabela de 729 elementos, por meio da qual a expressão será definida não somente por *gênero* e *espécie*, mas também por *variedade*, *subvariedade*, *tipo* e *fenômeno*.

Visto que se torna difícil a compreensão do *criterium* exposto, assim, de maneira sintética, abstrata e certamente pouco funcional, convém buscar uma aplicação compreensível do estudo do gesto, a parte mais aprofundada e original da pesquisa de Delsarte[116].

Agente direto da alma, dos sentimentos, das faculdades morais do homem, impregnado de expressividade a ponto de poder agir sem o auxílio da voz e da palavra que, pelo contrário, adquirem definição a partir dele, o gesto é para Delsarte o vértice da hierarquia das linguagens expressivas. A sua análise do movimento expressivo do homem, desde os comportamentos do corpo inteiro até as menores variações fisionômicas, alcança sutilezas funambulescas e afronta problemáticas cuja fertilidade será plenamente revelada em seguida, mas que eram, naqueles tempos, quase totalmente inexploradas. Se, por um lado, efetivamente a pesquisa de Delsarte se insere no filão de origem iluminista dos estudos sobre a expressão das paixões (dos quais Johann Jakob Engel foi o porta-bandeira com o seu *Ideen zu einer Mimik*[117]), sobre a fisionômica e a quironomia, que haviam dado lugar a sucessivas aplicações em campo puramente teatral com a compilação de manuais de "poses cênicas" para o ator[118], por outro lado se enriquece não só com a experiência romântica, mas também com os acentos positivistas e os módulos antropológicos, antecipando de duas

---

116 Sobre o inteiro sistema de Delsarte, ver, do abade Delaumosne, *Pratique de l'art oratoire de Delsarte*, Paris: J. Albanel, 1874; e Alfred Giraudet, *Mimique phisionomie et gestes: Méthode pratique d'aprés du systéme de F. Del Sarte*, Paris: Librairies-Imprimeries Réunies, 1895, de onde provêm as tabelas aqui publicadas. Ambos são transcrições de alunos de Delsarte.
117 Berlin, 1885-1886.
118 Considere-se, por exemplo, os estudos de François-Joseph Talma na França e de Antonio Morrochesi na Itália.

décadas, em sua particular acepção e aplicação estética, estudos científicos e psicológicos da envergadura dos realizados no fim do século por Darwin, Piderit e Mantegazza[119].

Delsarte estuda o gesto segundo três linhas de pesquisa: a *estática* (as leis que regulam os equilíbrios do corpo), a *dinâmica* (as leis do movimento ligado aos relativos impulsos interiores) e a *semiótica* (as leis que regulam a ligação entre a forma do movimento e o seu significado). Cada gesto é, assim, analisável, tanto nas relações necessárias de equilíbrio e equiponderância entre os agentes físicos nele implicados, como nas modalidades dinâmicas de ritmo, inflexão e harmonia e na sua qualidade sígnica, que o configura como elemento de um código de linguagem.

Um exemplo concreto: se examinamos uma pessoa que inclina a cabeça na direção do seu interlocutor, a estática nos permitirá considerar as tensões em ação e o balanceamento entre cabeça e ombros em relação à posição dos membros e do tórax. A dinâmica – do ponto de vista estrito do *criterium* geral – nos consentirá, à primeira vista, atribuir ao gesto o gênero *concêntrico* (pois voltado para o objeto e, logo, de derivação espiritual) e, se o queixo se mostrar reto e não abaixado ou levantado, a espécie *normal* (que denota equilíbrio interior e derivação anímica). Poderíamos então prosseguir nas especificações, analisando as inflexões específicas acrescidas ao gesto pela posição dos olhos, pálpebras e sobrancelhas, lábios, nariz etc., até ter definido toda a expressão nas suas mínimas particularidades de ligações aos estados interiores. Ao fim desta investigação teremos condição de avaliar as qualidades de velocidade, ritmo e harmonia do gesto em questão com relação aos movimentos de outros agentes do corpo. Enfim, a abordagem semiótica, levando em conta os dois precedentes e o desenho curvilíneo do movimento, nos dirá que o gesto em si significa ternura, desde que o exame da inteira fisionomia, da posição dos ombros e dos membros não levem por aprofundamentos sucessivos a concluir, por exemplo, que a aparente ternura não era senão uma simulação traiçoeira gerada por um ódio profundo.

---

119 Dentre os estudos mais importantes, ver Theodor Piderit, *Mimik und Physiognomik*; Charles Darwin, *A Expressão das Emoções no Homem e nos Animais*; e Paolo Mantegazza, *La fisionomia e l'espressione dei sentimenti*, difundidos nos anos de 1880 e 1890.

Posições da Cabeça

Atitude exc. con.	Atitude nor. con.	Atitude con. con.
Cabeça inclinada da parte oposta em relação à pessoa ou objeto e abaixada.	Cabeça diante da pessoa ou objeto, e abaixada.	Cabeça inclinada em direção à pessoa ou objeto, e abaixada.
SUSPEITA	REFLEXÃO	VENERAÇÃO
Atitude exc. nor.	Atitude nor. nor.	Atitude con. nor.
Cabeça inclinada da parte oposta em relação à pessoa ou objeto, e normal.	Cabeça diante da pessoa ou objeto, e normal.	Cabeça inclinada em direção à pessoa ou objeto, e normal.
OLHAR INSPECTIVO SENSUALIDADE	ESTADO NORMAL	TERNURA
Atitude exc. exc.	Atitude nor. exc.	Atitude con. exc.
Cabeça inclinada da parte oposta em relação à pessoa ou objeto, e levantada.	Cabeça diante da pessoa ou objeto, e levantada.	Cabeça inclinada em direção à pessoa ou objeto, e levantada.
ORGULHO	EXALTAÇÃO	ABANDONO

(exc. = excêntrica; con. = concêntrica; nor. = normal)

O inteiro e ramificado sistema de Delsarte, do qual essas poucas e esquemáticas menções fornecem, infelizmente, somente uma imagem pálida e parcial, parece-nos de fato uma máquina implacável, um conjunto definidor e totalizante de enunciações de leis, de compêndios esquemáticos sempre mais complexos, de gráficos vagamente semelhantes a estudos de um coreógrafo, de tabelas ilustradas (de onde nove pares de olhos nos olham com várias caretas, nove bocas se contorcem, nove mãos se contraem, nove pares de pernas testam o terreno etc.), que com a arte parece ter muito pouco a ver. No entanto, no ateliê do mestre a ciência da expressão encontrava aplicação prática em campo pedagógico e estético.

As lições, seguidas cotidianamente por cerca de vinte pessoas, eram constantemente divididas em duas partes: na primeira, teórica, Delsarte ilustrava com alguns princípios gerais o critério específico da sua teoria estética que, em seguida, na segunda parte, vinha aplicado de modo prático nos exemplos de atuação e canto fornecidos por ele próprio e nos exercícios sobre o mesmo tema dos alunos, analisados e corrigidos publicamente com a máxima atenção. O primeiro estágio do aprendizado, transitório, fundava-se necessariamente na imitação. Nos primeiros tempos, de fato, depois da ilustração do tema do dia, com o auxílio do quadro negro e de tabelas ilustradas (podia tratar-se tanto da acentuação da palavra-chave em uma frase, como das onze diversas aberturas do ângulo braço-ombro na afirmação, como do influxo do estado anímico sobre a emissão das vogais), e, quando o mestre propunha exemplos de sua escolha, o aluno somente podia repetir ou propor semelhantes, adequando-se por meio de simples imitação às entonações e aos gestos observados. Esse nível, tolerado por Delsarte que, no entanto, pretendia a sua pronta superação, permanecia para muitos o único; quem frequentava o estúdio de passagem, levado pela curiosidade ou convencido de já ter compreendido tudo depois de poucas lições, podia dessa forma receber somente alguns estímulos para tomar maior consciência do próprio corpo, dos próprios meios expressivos e da possibilidade de usá-los de modo mais consciente. Mas, para o aluno decidido e fiel, a via para superar esse primeiro estágio insidioso passava por um duro período de estudo obstinado e de constantes exercícios de si próprio em relação às noções adquiridas. A teoria devia encarnar-se em comportamento, experimentando-a em si, aprendendo a conhecer e a dominar aos poucos, com longas horas de exercício quotidiano, as inumeráveis formas gramaticais e sintáticas das linguagens expressivas do corpo e a infinita gama de emoções interiores que a elas transfundiam significado. Ou seja, tratava-se de iniciar e levar à feliz conclusão, antes de mais nada, um árduo e cansativo processo de autoconhecimento e autopedagogia que, sozinho, permitiria em seguida o uso estético da própria experiência madura, o transmutar delsartiano da ciência em arte.

Uma série de exercícios adequados ajudava o aluno a tomar consciência, primeiro separadamente, das leis da voz, do movimento, da palavra; para o gesto, em particular, Delsarte propunha exercícios sobre o equilíbrio, sobre oposição e paralelismo dos agentes, sobre a relação expressiva entre as várias partes do corpo, etc., e usava muito frequentemente também a improvisação, com a criação de breves e animadas pantomimas sobre o tema dado, por meio das quais exercitar todas as gamas da relação sentimento-expressão. Passava-se, em seguida, à união da voz com a palavra e com o gesto, atuando de preferência com base em fábulas de La Fontaine ou fragmentos do repertório dramático e melodramático contemporâneo. O ensinamento podia se dizer terminado quando o aluno possuía, se não a completa maestria de si, pelo menos todos os instrumentos necessários para alcançá-la[120].

Quem passava pela experiência completa do estúdio, que se propunha, em termos pedagógicos, como lugar de revelação e formação da "humanidade" da pessoa no sentido mais global da palavra, mais do que, em termos didáticos, como escola de treinamento para o ofício, saía de lá conquistado e com a alma

---

120 No debate de origem diderotiana sobre o ator "frio" ou "quente", sensível ou não, Delsarte se inseria com uma pessoal interpretação sobre a sensibilidade, que associava com o perfeito conhecimento da ciência da expressão, ou seja, com a capacidade de intuir a exata medida das conexões entre movimentos interiores e expressão. Na expressão artística, o calor dessa perfeita adesão ao fluxo emotivo-expressivo devia ser acompanhado pela incessante supervisão do intelecto, que permitia uma presença mais fria para si mesmo.

transformada (e são vários os testemunhos que o confirmam). Mas como e quanto formado e melhorado em sua profissão de ator não sabemos com certeza: sobre isso os testemunhos são mais vagos. Do que se sabe, é possível somente afirmar que o ator de formação delsartiana era certamente pouco disposto a submeter-se à convenção retórica do teatro a ele contemporâneo, com suas poses cênicas e voz tonitruante, e adotava uma atuação mais rica de nuances psicológicas, mais atenta à verdade do que à verossimilhança, no fundo, mais naturalista (de modo que atrai muitas vezes para si o ostracismo da *Comédie*, fortaleza da tradição francesa). Resultado interessante, mas não tão excepcional, nem de ressonância tal que pudesse justificar a enorme popularidade americana de ontem e o nosso renovado interesse de hoje por Delsarte.

Na realidade, aquilo que de Delsarte frutificou, de maneira às vezes anômala e estranha aos tempos e ideias do mestre, mas perfeitamente adequada aos novos terrenos em que foi transplantado, deve ser procurado não tanto na poderosa ciência da expressão, com o seu complexo de leis e o seu severo método aplicativo, mas em algumas extraordinárias intuições fundamentais, em alguns comportamentos de pesquisa (sobretudo no campo do movimento), tão intrinsecamente vitais que puderam contribuir para aplicações diversas. Ou seja, mais na valência pedagógica geral do que nas didáticas particulares. O fato de Delsarte não ter deixado quase nada escrito – só poucas notas esparsas, os primeiros capítulos autobiográficos de um livro inacabado e, impresso, o texto de uma conferência que enuncia os fundamentos filosóficos da sua teoria sobre a estética aplicada e uma tabela sinóptica do compêndio geral da teoria trinitária – certamente contribuiu para a reciclagem de dados, promovida, iniciada e apregoada pelo eclético ator americano Steele MacKaye (1842-1894).

Aluno predileto de Delsarte nos últimos tempos em que o último ensinou (1868-1869), eleito seu herdeiro espiritual, MacKaye propunha ao mestre que se mudasse, trazendo família e escola para os Estados Unidos, onde o seu ensinamento teria encontrado outra possibilidade de expansão, quando a paralisia e, depois, a morte supreenderam o já idoso professor. Permanecendo em posse de todos os seus manuscritos, sem se dar por vencido, MacKaye difunde a própria versão de Delsarte na América, com uma interminável série de conferências, e contribui para a publicação em língua inglesa dos escritos inéditos e para a tradução dos textos de alguns alunos franceses, derivados de notas pessoais[121]. A diversidade das versões, que refletia as diferenças culturais e a divergência de interesses dos redatores, conservava entre os materiais uma ambiguidade suficiente para aumentar as possibilidades de interpretação e de uso.

De fato, enquanto seguidores entusiastas e zelosos, um tanto privados de fantasia, extraíam da leitura de Delsarte improváveis manuais de gestualidade e inverossímeis pantomimas para mocinhas, visões mais agudas, ou pelo menos com uma orientação diversa, absorviam o espírito para fazer dele um instrumento a serviço de exigências pessoais. A decidida declaração de paridade hierárquica e complementaridade funcional do corpo em relação ao espírito, sustentada com autoridade também científica, a afirmação de uma necessária motivação interior da expressão, a definição de leis do movimento aderentes, também em campo estético, às ditadas pela natureza, demonstraram-se as verdadeiras e fundamentais revelações da doutrina de Delsarte. Os americanos a acolheram entusiasticamente como uma possível resposta à própria necessidade de liberação do puritanismo e das convenções comportamentais e estéticas de origem europeia.

A contribuição do delsartismo para a transformação do gosto na América nos últimos vinte anos do século XIX foi decisiva e deu frutos duradouros; os mais imediatamente tangíveis dizem respeito ao campo da ginástica formativa e da dança, disciplinas sobre as quais Delsarte (que viveu talvez muito cedo para imaginar a primeira, e que provavelmente considerava a segunda redutora e até mesmo imoral) não tinha

---

121 A edição mais completa e mais difundida de escritos franceses de e sobre Delsarte, traduzida para o inglês, foi publicada em 1893, sob iniciativa do editor novaiorquino Edgar S. Werner, com o título *Delsarte System of Oratory*. Reunia as obras de Delaumosne e Arnaud, os escritos inéditos sobre Delsarte, os textos das lições dadas nos Estados Unidos por sua filha Marie Geraldy, e artigos variados de jornais franceses. Sobre Steele Mackaye e o seu apostolado delsartista, ver a já citada biografia escrita por seu filho, *Epoch: Life of Steele Mackaye*.

sequer pensado. Baseado nos princípios do mestre, MacKaye elaborou, primeiramente, uma "ginástica harmônica" para a formação dos atores, ou seja, um treinamento físico (e vocal) bem dosado, que preparasse e reforçasse os órgãos tendo em vista novas capacidades expressivas, e sua aluna Genevieve Stebbins a reelaborou, transformando-a em um método de formação físico-expressiva adequado a categorias muito mais amplas e generalizadas de usuários e utilizável também para os muito jovens, suscitando vivíssimo interesse nos educadores, sobretudo no campo feminino. Experimentada no mítico centro estivo de Chautauqua[122] em 1890, em pouco tempo a ginástica feminina "à la Delsarte", nas várias interpretações dos experimentadores, foi introduzida triunfalmente nos *colleges*, instaurando uma moderna e eficaz conexão da educação física com a intelectual e contribuindo para a emancipação da mulher americana.

No âmbito teatral, para além do impulso inovador que deu à atuação dramática, o delsartismo tornou possível uma mudança total de perspectiva no que diz respeito à arte do movimento[123]. Dele nasce a revolta contra o convencionalismo acadêmico, contra a falta de naturalidade dos movimentos e contra a ausência de motivação interior da dança clássica; a reavaliação ideológica e prática da dança popular, primitiva e religiosa; a recusa do gesto puramente decorativo ou imitativo em favor de um gesto que fosse expressão dos impulsos individuais e sociais que agitam a alma humana. Figuras de transição, mas de influência decisiva, como Isadora Duncan e Ruth Saint-Denis, nascidas no final dos anos de 1870, forneceram os primeiros exemplos de uso personalíssimo (e não ainda plenamente consciente) dos ensinamentos de Delsarte; mais consciente, Ted Shawn (1891-1972) praticou, no início do século XX, uma verdadeira aplicação do "sistema" à dança, em total respeito/traição das normas de "estética aplicada" do

---

122 A escola de verão de educação física de Chautauqua, no Brooklyn, foi por anos sede de experimentações das novas técnicas da ginástica formativa. Ver Emily Bishop, *Self-expression and Health: Americanized Delsarte Culture*, Chautauqua: 1895.

123 Isso faz com que Delsarte, constantemente ignorado na história do teatro, seja constantemente citado na história da dança moderna.

mestre[124]. Dessa revolta pioneira de poucos, que encontrou um terreno convenientemente preparado na sensibilidade e no gosto de muitos, emergiu a *modern dance*, primeira contribuição realmente original e revolucionária da América à expressão teatral.

Longe dos clamores do "lançamento" americano, na Europa os alunos dos alunos trabalhavam, com certo atraso e mais silenciosamente, em direções bastante análogas, tendo que pôr à prova a vitalidade dos mesmos princípios no seio de uma cultura (não somente teatral) de mais antiga e enraizada tradição. Curiosamente, muito mais que o influxo direto do mestre, foi o delsartismo "de retorno" dos Estados Unidos – particularmente através das inúmeras edições do já citado manual de Stebbins, *Delsarte System of Expression* – a agir como estímulo para um amplo círculo de pesquisadores europeus. Ele serviu, especialmente, para difundir a vulgata do "sistema", que deu início, sobretudo na Alemanha, ao florescimento de métodos diversos para a ginástica formativa infantil e feminina, métodos que tiveram grande difusão durante a década de 1920 e que confluíram no grande e mais amplo movimento para a cultura física, promovido naqueles anos pelos educadores. Com maior rigor filológico, remetendo diretamente às fontes, trabalhou-se em campo mais definidamente artístico e teatral, alcançando também, neste caso (sobretudo por meio de Rudolf von Laban), resultados mais relevantes no campo do movimento expressivo e da dança, herdeiros diretos daquele tratamento do "gesto" que Delsarte desejara como centro do próprio ensinamento.

Em seguida, e em termos mais gerais, Delsarte esteve frequentemente presente na Europa, na prática e no espírito, justamente onde o empenho pedagógico era mais vivo, naquelas escolas de ator em que a pesquisa prevalecia e a tradição era usada em sentido evolutivo e não conservador ou onde se tentava inclusive fundar uma nova tradição: dos ateliês de Copeau e Dullin até o Teatro Laboratório de Grotowski. Mas, para além dos momentos específicos, Delsarte esteve no ar que

---

124 Ver *Every Little Movement*. O volume, editado nos anos de 1950, é resultado da experiência reunida em quarenta anos de ensino e prática da dança nas escolas Denishawn e Jacob Pillow, forjas de algumas gerações de dançarinos americanos.

o teatro do século XX respirou para viver e se transformar e circulou secretamente em suas veias até os nossos dias, quando muito teatro "de expressão", aquele teatro que deriva as próprias modalidades e convenções estéticas do ator e de suas exigências expressivas, pode ver nele um antigo inconsciente ascendente[125].

---

125 O arquivo Delsarte, levado para os Estados Unidos por Steele Mackaye, foi doado nos anos de 1940 para o Departament of Speech da University of Baton Rouge em Louisiana, onde floresceram uma série de pesquisas sobre o tema. Em 1968, após anos de silêncio, o estudioso John W. Zorn organizou a reedição de escritos autorais do mestre: *The Essential Delsarte*, Metuchen: Scarecrow, 1968. Nos anos seguintes, além da reedição do livro de Stebbins, outro estudo que deve ser considerado é aquele feito por E.T. Kirby, The Delsarte Method. 3 Frontiers of Actor Training, *The Drama Review*, n. 53, 1972, p. 55-69.

3. A Arma do Teatro

A história do teatro proletário na Alemanha[1] está diretamente ligada à história da organização política dos trabalhadores e se inicia com o nascimento dos primeiros movimentos operários e com a fundação do primeiro partido social-democrata alemão.

No alvorecer da segunda metade do século XIX, o proletariado era marginalizado de qualquer manifestação da cultura

1   O fenômeno do agit-prop teria permanecido desconhecido se não fosse o trabalho paciente de pesquisa e sistematização de documentos – críticas, programas e artigos teóricos – realizado pelos estudiosos do Institut für Volkskunstforschung da antiga Berlim Oriental entre 1956 e 1960 e que originou uma antologia de textos, organizada por Ludwig Hoffmann e Daniel Hoffmann-Ostwald, *Deutsches Arbeitertheater 1918-1933: Eine Dokumentation*, Berlin: Henschelverlag, 1961; segunda edição ampliada em 1972, a partir de agora *Deutsches Arbeitertheater*. Estudos sobre o teatro operário foram feitos e publicados na antiga Alemanha Ocidental a partir de 1972. Na Inglaterra uma das contribuições foi de autoria de Christopher. D. Innes, *Erwin Piscator's Political Theatre*, Cambridge: Cambridge University Press, 1972. Cabe mencionar também as contribuições dadas por estudiosos franceses, tal como aquela de André Gisselbrecht, Musée ou promesse d'avenir? Le Théâtre prolétarien d'amateurs en Allemagne sous la République de Weimar, *Théâtre populaire*, n. 46, 1962, p. 1-45. Em italiano, o único ensaio específico sobre o assunto é Agitprop e "controcultura" operaia, de Giancarlo Buonfino, *Primo Maggio*, n. 3-4, 1974, p. 87-125. Ver também, do mesmo autor, *La politica culturale operaia: Da Marx a Lassalle alla rivoluzione di Novembre. 1859-1919*, Milano: Feltrinelli, 1975.

dominante. Se, no campo, os camponeses podiam conservar pelo menos traços de uma cultura agrícola autônoma, nas grandes cidades, em processo de rápida industrialização, os operários e pequenos artesãos, frequentemente destituídos de suas raízes campesinas de origem, ou nascidos e crescidos em uma classe ainda sem história cultural, passavam a existência sem outros conhecimentos além daqueles do trabalho manual. A alta taxa de analfabetismo e os baixos salários tornavam proibitiva a aquisição de livros ou jornais; os contatos com a arte eram quase inexistentes; o teatro era um sonho inacessível nas cidades, enquanto nos campos era, no máximo, representado por algumas míseras companhias de atores ambulantes ou por episódios de folclore típico.

A crescente industrialização, com a crescente e consequente demanda de mão de obra cada vez mais preparada e especializada, acabou persuadindo a burguesia liberal, em torno dos anos 1860, a fazer algo pela melhoria da instrução popular. A oposição do Estado monárquico, maldisposto a assumir as despesas de criação de novas escolas, a levou a remediar a escassa preparação cultural do proletariado, favorecendo com todos os meios a formação de associações culturais operárias de "formação profissional", nas quais o trabalhador pudesse receber, ao lado do fundamental treinamento técnico, algum conhecimento da cultura hegemônica.

Dentro da classe burguesa floresciam, naquela época, e com uma já longa tradição nas costas, as associações culturais, cuja atividade principal consistia na organização de noites de diversão para os sócios. O "baile" representava frequentemente a atração principal da festa, mas muitas vezes era precedido por breves conferências, leituras de poesia e novelas e exibições de grupos artísticos de diletantes, que se formavam espontaneamente dentro dos círculos. As formas de espetáculo prediletas dos diletantes burgueses eram os cantos corais, os quadros vivos e a encenação de fragmentos teatrais dos clássicos do romantismo.

Os primeiros círculos culturais proletários, patrocinados pela burguesia, seguiram, assim, o modelo já testado das associações burguesas, reproduzindo suas atividades com capacidades e meios muito inferiores, de modo que os operários tiveram contato com uma cópia deteriorada da cultura dominante.

Em 1863, com a fundação por obra de Ferdinand Lassalle do primeiro partido social-democrata, o ADAV – Allgemeiner Deutscher Arbeiterverein (Associação Geral Alemã dos Trabalhadores), a tendência ao associacionismo operário recebeu novos impulsos e conheceu os primeiros esforços de organização em larga escala. Nos primeiros anos de vida, o novo partido, empenhado essencialmente na propaganda para a própria expansão, não elaborou programas culturais específicos, e muito menos artísticos, mas privilegiou a festa, sobretudo por ordem de Lassalle, que conseguiu criar uma espécie de cerimônia "ritual" que acompanhava as suas aparições entre seus seguidores como um momento comunitário, expressão da nascente união da classe operária². Nas cervejarias e nas salas da periferia, os círculos dos trabalhadores, agora independentes inclusive da burguesia progressista, organizavam festas para a arrecadação de fundos ou celebrações de Lassalle, cujo programa, no entanto, ainda era bem pouco diferente daquele das associações burguesas: o baile era o centro da atração e, em torno dele, se dava a exibição dos cada vez mais numerosos grupos de atores diletantes em quadros vivos, coros, farsas, operetas, e às vezes nos ditos "dramas populares", recheados de patriotismo bobo e falso folclore, então muito em voga no teatro diletante pequeno burguês³.

Com a progressiva afirmação do novo SDAP – Sozialdemokratische Arbeiterpartei (Partido Social-Democrata Operário), fundado em 1869 por August Bebel e Wilhelm Liebknecht em oposição ao ADAV⁴, e da sua palavra de ordem "saber é poder, poder é saber"⁵, iniciou-se a elaboração da teoria social-democrata da "formação" (*Bildung*, não por acaso palavra originada no Iluminismo) dos futuros membros da sociedade socialista em edificação. Todo meio cultural devia, nesse sentido, ser

---

2   Sobre a análise da evolução cultural proletária na Alemanha antes da República de Weimar ver G. Buonfino, *La politica culturale operaia*.
3   Sobre a tradição teatral dos círculos culturais social-democratas, ver Peter von Rüden, *Sozialdemokratisches Arbeitertheater (1848-1918)*, Frankfurt: Athenaum, 1973.
4   Em 1875 ADAV e SDAP se fundiram, assumindo o nome da última.
5   Extraído de um célebre discurso de 1872 de Wilhelm Liebknecht, *Wissen ist Macht, Macht ist Wissen,* publicado em Leipzig em 1873.

colocado a serviço da instrução e da preparação política indispensável ao cidadão de amanhã.

Vemos então infiltrar-se entre os habituais "números" do usual programa das noites culturais operárias alguns elementos novos, diversos, primeiros sinais de um uso do meio teatral mais consoante à necessidade das classes proletárias, de caráter didático e agitador. Trata-se, em geral, de diálogos ou cenas muito breves elaboradas pelos próprios atores-operários, que traduzem em uma forma teatral rudimentar os preceitos políticos do partido, debatendo sucintamente os problemas sociais mais significativos do momento. Essa ação politicamente já mais consciente do teatro dos trabalhadores explicou-se sobretudo no período de (semi)clandestinidade do partido (1878-1890), no qual as restrições impostas pelas leis antissocialistas do império revigoraram o espírito combatente.

Mais tarde, o reconhecido Partido Social-Democrata foi definindo melhor a sua "missão formadora" do proletariado, que se realizou em uma maciça campanha de aculturamento popular, na qual foram pela primeira vez empregados em dose de choque os modernos meios de comunicação de massa (as publicações quotidianas e periódicas de imponentes cadeias editoriais da SDAP, contabilizando, nos primeiros anos do século, dezenas e dezenas de títulos)[6]. A educação estética, abordagem educativa da "arte" (a arte clássica da burguesia), era um ponto fundamental do programa da *Bildung*. O teatro, assim, enquanto "arte total" com fortes componentes de celebração e comunitários (*Die Kunst und die Revolution* [A Arte e a Revolução]e *Das Kunstwerk der Zukunft* [A Obra de Arte do Futuro], de Wagner, eram passagem obrigatória para os movimentos culturais da época), oferecia-se aos dirigentes do partido como o instrumento artístico mais adequado à formação do gosto estético e à transmissão da ideia socialista. Parecia, no entanto, dever tratar-se necessariamente de um teatro de alto nível, e o interesse da SDAP voltou-se de fato à edificação de um teatro profissional para o povo, marginalizando, desde a sua organização geral, os grupos de diletantes que ofereciam insuficientes garantias de qualificação artística.

6 Ver G. Buonfino, *La politica culturale operaia*, p. 133-137.

Nasce assim, em 1890, a Freie Volksbühne (é evidente o referimento polêmico à Freie Bühne, de Otto Brahm), que esteve inicialmente sob a influência da ala dissidente da esquerda do partido, os Jungen. Bruno Wille, primeiro diretor da nova organização teatral, aderia às tendências naturalistas que, tendo em estima mestres como Ibsen, Zola e Dostoiévski, atacavam naqueles anos o teatro clássico alemão e se expressaram principalmente nos dramas sociais de Hauptmann. Logo, no entanto, a Freie Volksbühne, taxada de "regressão", foi reconduzida à uma maior ortodoxia social-democrática através do "retorno a Schiller" efetuado por Franz Mehring, que assumiu a sua presidência, e, com o tempo, se desenvolveu na mastodôntica organização que, nos anos de 1920, contava com 6 milhões de sócios na Alemanha. A organização política do proletariado terminava, desse modo, procurando financiadores e espectadores para uma cena que se revelou substancialmente burguesa, pela forma e conteúdo, e vagamente reformista no que diz respeito à política cultural. Muito lucidamente Almut Schwerd, no seu estudo sobre problemas e contradições artísticas e ideológicas que dificultaram a existência da Volksbühne, define-a como "cena burguesa sobre bases cooperativas com organização de público proletário"[7].

Aos grupos não profissionais, que se uniram pouco depois no movimento da Freie Bühne, faltava o apoio da organização de classe que talvez pudesse fornecer o impulso determinante para o nascimento de um teatro operário que fosse expressão verdadeira das exigências do proletariado. O Comitê Central do Partido Social-Democrata (SPD) para a Formação – fundado em 1906 –, a fim de melhor perseguir o seu programa de educação e afinação do "gosto artístico" do proletariado, chegou, ao contrário, a pedir a dissolução dos círculos dos trabalhadores, citando as evidentes carências estéticas das suas representações.

"O teatro é um bom meio formativo. Mas somente com a condição de que se trate de bons espetáculos, representados por atores profissionais, e de bons dramas. Os espetáculos oferecidos por diletantes e associações teatrais servem mais ao mau gosto do que ao enriquecimento da sensibilidade artística", lê-se

---

7 *Zwischen Sozialdemokratie und Kommunismus*, Wiesbaden: Athenaion, 1975, p. 2.

no Programa de Inverno Para o Ano 1908-1909 do Comitê para a Formação[8]. A tese de defesa dos grupos teatrais dos trabalhadores que reivindicavam o direito de pôr as próprias modestas capacidades a serviço do movimento operário, sem pretensões artísticas, mas com o intento de contribuir para a formação da nova consciência de classe, era rejeitada como sendo ideologicamente falsa e ilusória, e, por sua vez, o debate tido durante alguns anos com a ala de esquerda sobre a possibilidade de elaboração de uma cultura proletária autônoma, já dentro da estrutura capitalista dominante, via o comitê social-democrata como porta-bandeira da matriz que negava qualquer possibilidade de revolução cultural (em resposta lógica às teses reformistas da social-democracia).

Obstaculizados de tal modo pelos órgãos oficiais do partido e mantidos muitas vezes também sob vigilância da polícia do império, alarmada (inclusive por incitamento de certo teatro profissional ambulante – nota Hoffmann – que via sua receita reduzir-se) por qualquer "peça" antimilitarista e antimonárquica, os grupos politicamente mais empenhados de diletantes proletários tentaram a estrada da associação como única via de sobrevivência e de qualificação. Em 1906, em Charlottenburg, tomou forma a Liga das Associações Teatrais e Recreativas, que, em 1913, ampliou-se para Liga Alemã do Teatro Operário (DAThB, Deutscher Arteiter-Theater-Bund). O objetivo da Liga, além do agrupamento de círculos teatrais proletários fora do controle do partido, era encontrar um direcionamento característico para a própria atividade, que a diferenciasse claramente tanto do teatro profissional (Volksbühne) como do diletante burguês. Entretanto, faltavam à jovem e minúscula Liga – quinze grupos credenciados em 1908, 66 em 1913, de um total de cerca de 3 mil grupos – as bases ideológicas sobre as quais fundar e com as quais sustentar os próprios programas. Sobre os círculos associados, que, no fundo, eram de tendência substancialmente reformista (note-se bem que o contraste com o Partido Social-Democrata não dizia respeito ao conteúdo, mas à forma e ao nível dos espetáculos), pesava a sombra da

8 Winterprogramm für das Jahr 1908-1909, *Die Volksbühne, Organ für die Interessen der Abeiter-Theater-Vereine Deutschland*, n. 3, 1908, p. 11. Citado em *Deutsches Arbeitertheater*, p. 22.

política cultural social-democrática com a sua pobreza teórica. A falta de clareza com relação aos interesses reais do proletariado, a teoria da educação à arte como conquista social e o isolamento das organizações políticas dos trabalhadores ameaçavam reduzir o teatro dos diletantes operários a uma forma de gratificação inócua, de liberação das tensões sociais através do jogo de papéis e da falsa revelação e solução cênica dos problemas de classe.

Através do órgão do DAThB, de nome polêmico, *Volksbühne*[9], é possível reconstruir uma imagem dos espetáculo dos grupos[10], ainda que incompleta. O repertório era principalmente constituído por "dramas de tendência" social-democrática, nos quais se tentava casar inutilmente diversão e agitação, ambas muito escassas. A realização cênica era geralmente apressada e aproximativa: tendia-se a certo realismo cenográfico forçado, enquanto os atores eram quase sempre mal preparados (ouvia-se melhor o ponto que os próprios intérpretes) e inadequados para interpretar as personagens a eles destinadas, tanto é que, às vezes, o significado de todo o drama ficava comprometido. O sucesso e o efeito dessas representações eram assim muito reduzidos; a vontade de esclarecimento político que teoricamente guiava os atores-trabalhadores se dispersava em uma forma expressiva que, apesar de todas as boas intenções, era uma imitação barata daquela do teatro profissional popular tão abominado.

Se o DAThB se debatia na contradição entre forma tradicional e novos conteúdos a serem transmitidos, é preciso lembrar, como exemplo alternativo, o trabalho de um grupo isolado, a Gesellschaft Vorwärts (Sociedade Avante) de Boleslav Strzelewicz, atuante no mesmo período, e há muitos anos, com técnicas pioneiras precursoras do teatro de agit-prop dos anos de 1920. Desde 1890, Strzelewicz vinha elaborando uma colagem de cantos, poesias, cenas satíricas, relatórios documentários naquela forma de revista que, retomada depois da guerra nas noites proletárias da IAH–Internationale Arbeiterhilfe (Liga de Socorro Internacional dos Trabalhadores), influenciaria

---

9 *Die Volksbühne, Organ des Bundes der Abeiter-Theater-Vereine Deutschland*, Charlottenburg: 1908-1914.
10 Ver P. von Rüden, op. cit., p. 201-205.

diretamente Erwin Piscator na criação das "revistas vermelhas" do teatro operário comunista. O grupo Vorwärts foi, contudo, um fenômeno isolado no âmbito dos teatros proletários social-democráticos[11].

A década de 1920, com as suas dramáticas contradições e os seus trágicos eventos, revelou-se um terreno fértil para o nascimento de movimentos revolucionários políticos, culturais e artísticos que colocaram as bases também para a renovação do teatro político operário.

Em campo político, o movimento espartaquista de Karl Liebknecht e Rosa Luxemburgo, com o qual colaboraram intelectuais da força de Clara Zetkin e Franz Mehring, e que iria desembocar na criação do Partido Comunista Alemão, deu origem à tomada de consciência proletária que o drama da guerra serviu para amadurecer. Enquanto isso, sempre mais numerosos, os intelectuais davam, no encalço da Liga Spartakus, os primeiros passos de uma decisiva reviravolta em direção à esquerda, acompanhada por vigorosos debates e polêmicas envolvendo todos os aspectos da cultura: em primeiro plano o problema das relações entre proletariado, arte e cultura, com a consequente elaboração de novas hipóteses de desenvolvimento de uma arte proletária, cujo obstáculo inicial e fundamental era a superação crítica da "herança burguesa".

Em contrapartida, também dentro da burguesia o desconforto da mais jovem *intelligentsia* explodia, naqueles anos, em movimentos artísticos caracterizados pela vontade de ruptura com a tradição. O expressionismo, surgido em oposição ao impressionismo naturalista rampante nos primeiros anos do século, propunha o seu "homem nu", "dissecado e esvaziado pela burocracia, pela industrialização e pelo militarismo, reduzido a mísero e grotesco boneco mecânico"[12], introduzindo, em particular no teatro contemporâneo, com os seus dramas de rebelião social ou de experimentalismo visionário, a sátira da sociedade burguesa. Poucos anos depois, o dadaísmo agredia

---

11 Ao fim da guerra, Strzelewics aderiu ao Partido Comunista, prosseguindo a atividade teatral, a qual descreve em suas memórias: Boleslav Strzelewicz, *35 Jahre Künstlerfahrt unter deutscher Monarchie und Republik*, Dresden: [s.d.].
12 Ladislao Mittner, *Storia della letteratura tedesca*, v. II – *Dal fine secolo alla sperimentazione (1890-1970)*, Torino: Einaudi, 1971, p. 1194.

abertamente a burguesia bem-pensante com as suas bufonarias absurdas e sem escrúpulos, projetando-a em um caos impregnado de potencialidades múltiplas nas quais se concretizava a "morte da arte", sem que se configurasse deliberadamente uma alternativa. A exaltação atuada pelo dadaísmo da destruição dos esquemas, com a perene improvisação, com a simultaneidade como combinação de sons, rumores, palavras, objetos, imagens, contribuiu de modo notável para o rompimento com as tradições artísticas[13].

Mesmo o teatro diletante burguês armou a sua revolução: declarando guerra à precedente imitação do teatro profissional, dedicou-se à busca de um gênero novo, que fundasse as raízes na espontaneidade das antigas tradições populares. Foram recuperados mistérios e danças propiciadoras agrícolas, festas religiosas e profanas, fábulas e lendas, farsas de bonecos e marionetes, cantos populares e ladainhas, reelaborados em um formato que os abrangia, o *Laienspiel*[14], destinado a representar a expressão original do movimento teatral não profissional e que tinha como insígnia a "simplicidade"[15]. Foram abolidas as cenas complexas, os figurinos elaborados e as barbas falsas; sob o impulso da redescoberta do corpo e da centralidade pedagógica e estética de sua dinâmica deu-se grande importância ao ritmo e à expressividade do movimento, privilegiando danças e pantomimas; os atores se intercambiavam nos papéis para evitar toda especialização de tipo profissional. Essa teoria teatral, intimamente ligada ao mais vasto movimento juvenil burguês do momento, inspirado no retorno à natureza e à uma simplicidade de vida já irrecuperável, servia, em linhas gerais, à inserção dos mais variados conteúdos ideológicos; a ela, segundo Hoffmann, remetem três diversas linhas de desenvolvimento no decênio sucessivo: uma de caráter confessional, que desemboca no retorno a uma espécie de drama religioso; uma segunda que, com a recuperação do sentimento nacionalista, leva diretamente à práxis teatral fascista; e a terceira

---

13 Cabe lembrar que também o jovem Erwin Piscator aderiu ao movimento dadaísta.
14 O significado alternativo do termo *Laie* (profano) em relação a *Dilettánt* (que havia adquirido o sentido de "imitador do teatro profissional") até aqui usado no teatro não profissional burguês é de difícil tradução em outras línguas.
15 *Deutsches Arbeitertheater*, p. 25-28.

que, preenchendo de conteúdo revolucionário as novas formas elaboradas, conduz ao teatro operário comunista.

Ao fechamento do decênio, no colapso da economia e da inteira vida da nação alemã provocado pelo êxito desastroso da guerra, três eventos históricos, fundamentais também para a compreensão do fenômeno que estamos analisando, impõem-se à nossa atenção.

A Revolução Soviética (1917), demonstração viva da possibilidade de sucesso da luta proletária, foi importante no esclarecimento dos fins do movimento operário, provocando uma clara ruptura entre o conformismo social-democrático e a vontade revolucionária da oposição de esquerda. As notícias e os escritos teóricos, rapidamente difundidos na Alemanha, tornaram-se imediatamente termos de referência do debate social e cultural.

A Revolução de Novembro (1919), que provocou a queda da monarquia e a constituição, na Alemanha, da República de Weimar – revolução que infelizmente faliu pelo fato da política de compromisso da social-democracia no poder ter aberto passagem para a ascensão nazista – teve, entretanto, um papel importante no posicionamento maciço dos intelectuais ao lado do proletariado na luta revolucionária e na criação das condições políticas favoráveis ao fortalecimento dos movimentos operários.

A constituição do Partido Comunista Alemão[16] (1918) forneceu à luta de classes o apoio e o guia de uma forte organização política, que favoreceu o esclarecimento ideológico e ativou suas iniciativas práticas.

O teatro operário tinha agora adquirido o modelo com o qual se confrontar, as forças intelectuais necessárias ao seu crescimento e uma organização à qual recorrer não somente operativamente, mas também ideologicamente.

O panorama teatral dos primeiros anos da jovem república já oferece os prenúncios da complexidade e da contradição que serão características do teatro alemão dos anos de 1920.

A vertente burguesa do teatro profissional era dominada pela corrente expressionista que havia derrotado os últimos resíduos do naturalismo (entre os dramaturgos destacavam-se

---

16 Kommunistische Partei Deutschland, KPD.

Toller, Kaiser, Barlach). Reinhardt lançava as bases do seu império que se seguiria. Prosperava o *Kabarett*, no qual, às formas expressionistas do período de guerra iam se sobrepondo novas, vindas de Paris e dos Estados Unidos.

A Volksbühne, que havia declarado a própria neutralidade política no início do conflito mundial, reafirmava a sua linha de desempenho, alternando dramas clássicos e modernos, encenados com a mesma limpeza formal e a mesma falta de incisividade.

Aos jovens intelectuais simpatizantes de esquerda abriam-se novas perspectivas. Em 1919, apareceram as traduções em alemão de dois escritos fundamentais da cultura soviética contemporânea. *A Arte e o Proletariado*, de Bogdánov, e *As Missões Culturais da Classe Operária*, de Lunatchárski (seguidos por *O Teatro Criativo*, de Keržencev em 1922), revigoraram o debate sempre aberto sobre a cultura proletária, conseguindo envolver muitas forças novas[17]. Buscava-se traduzir em teoria e práxis artística adequada à atual realidade alemã a palavra de ordem do *Proletkult* soviético[18]. Nasce, assim, a Liga Para a Cultura Proletária (Bund für proletarische Kultur)[19], que expressou um teatro proletário semelhante a outros teatros e tribunas "proletárias" surgidos naqueles tempos, e que logo desapareceram, como o Proletarisches Theater, de Erwin Piscator. O "teatro proletário" devia, antes de mais nada, ser um "teatro do próprio proletariado"[20], elaborado, atuado e apreciado pelos representantes da classe operária e pelos "artistas" em uma "relação orgânica": devia oferecer-se como instrumento da luta de classes. Essas primeiras tentativas, se não conseguiram resolver as

17 Sobre o debate cultural no pós-guerra, ver Walter Fähnders; Martin Rector (Hrsg.), *Literatur im Klassenkampf: Zur Proletarisch-revolutionären Literaturtheorie 1919-1923*, 1. ed., München: Hanser, 1971; mais tarde Frankfurt: Fischer Taschenbuch, 1974.
18 Proletkult é a contração de cultura proletária. O movimento, surgido na Rússia no final do século XIX, difundiu-se rapidamente após a revolução. Seus maiores expoentes foram Lunatchárski e Bogdánov. Representante da vontade dos jovens intelectuais alemães de retomar as teorias do Proletkult soviético é o artigo de Hermann Schüller, fundador, juntamente com Piscator, do teatro proletário: Prolekult–Proletarisches Theater, em W. Fähnders; M. Rector (Hrsg.), op. cit., p. 198-203.
19 Sobre Bund für proletarische Kultur e os teatros proletários, ver W. Fähnders; M. Rector (Hrsg.), op. cit., p. 165-222.
20 *Deutsches Arbeitertheater*, p. 36.

contradições nascentes do uso da "herança burguesa", tiveram, no entanto, o mérito de indicar uma possível via de superação tanto no que diz respeito à linha da Volksbühne (ao propor um teatro de verdadeira expressão do interesse de classe e da capacidade criativa do proletariado), quanto dos tradicionais "círculos operários" (ao criar uma nova forma de coletivo artístico próxima à luta operária). Iniciava-se, nesses palcos, a colaboração *intelligentsia*-proletariado para a elaboração de uma cultura alternativa.

Dos numerosos grupos teatrais não profissionais surgidos sob o signo do Proletkult entre os anos de 1919 e 1921, geralmente por iniciativa de atores e diretores que simpatizavam com o comunismo, o mais duradouro foi o Proletkult Cassel[21], que permaneceu ativo até o ano de 1927, com o programa constituído por dramas de autores políticos contemporâneos (Berta Lask, Friedrich Wolf) e por espetáculos nos quais as formas tradicionais do teatro diletante operário (quadros vivos, coros, cenas didáticas e satíricas etc.) se uniam para tratar um argumento preestabelecido em uma espécie de "revista" que será típica do teatro de agit-prop. Resta, porém, isoladamente, como ponto de referência do nosso estudo, por sua estrutura feita de personagens emblemáticas que anteciparam as formas do futuro teatro de agit-prop, a realização do ato único *Russlands Tag*, de Lajos Barta pelo Proletarisches Theater, de Piscator em 1920[22].

As organizações operárias do arco socialista, ao qual aderia a maior parte dos trabalhadores, procuravam no mesmo período caracterizar as próprias manifestações coletivas a fim de instaurar um "ritual"[23] festivo socialista. Experimentavam-se, então, espetáculos históricos imponentes de massa que, desenvolvendo um incontestável *pathos* épico, fossem meio de celebração e de propaganda ao mesmo tempo. O Instituto Para a Formação Operária de Leipzig promoveu, a partir de 1920, uma série de representações ao ar livre, que envolviam dezenas de atores e

---

21 Friedrich W. Knellessen, *Agitation auf der Bühne*, p. 266-270.
22 Texto e comentário de *Russlands Tag* foram publicados em *Deutsches Arbeitertheater*, p. 58-80; outro comentário foi publicado em F.W. Knellssen, op. cit., p. 258-260.
23 Sobre o uso político de formas celebrativas "litúrgicas" na conquista das massas, ver G.L. Mosse, *La nazionalizzazione delle masse: Simbolismo político e movimenti di massa in Germania (1822-1933)*, Bologna: Il Mulino, 1975.

centenas e centenas de trabalhadores, e que representaram por alguns anos uma verdadeira forma de "rito cultural" socialista[24]. Inaugurou essa nova era das grandes "festas teatrais" operárias o espetáculo *Spartakus*, de Joseph von Fielitz, uma reconstrução da luta dos escravos nos tempos do Império Romano, atuada com enorme sucesso por novecentos operários diante de 50 mil espectadores. No ano seguinte, 1921, estimulado pela recente publicação dos documentos da *Sickingen-Debatte* entre Marx e Lassalle, Friedrich Wolf, futuramente uma das mais notáveis personalidades do teatro de agit-prop e criador do "drama proletário", escreveu *Der arme Konrad*, um monumental afresco das guerras camponesas alemãs, encenado com a participação de 1800 atores-operários. Em seguida, em 1922, vieram *Bilder aus der französischen Revolution*, de Ernst Toller, em 1923, e ainda de Toller, *Krieg und Frieden*, um convite à união de todos os povos europeus na luta revolucionária por uma paz geral, e enfim, em 1924, *Erwachen*, simbólica representação das lutas entre duas potências marítimas[25]. Todavia, os últimos espetáculos foram se degenerando; o excesso de palavras dos textos fazia com que elas se perdessem na confusão dos deslocamentos contínuos das grandes massas de figurantes: o conjunto acabava sendo um rumoroso remexer acompanhado por um rombo indistinto de vozes e de passos[26]. A tradição de Massenspiel, ainda jovem, foi deixada de lado pelos organizadores social-democratas para ser retomada mais tarde pelos partidos da esquerda de maneira ocasional e com descendência ideológica direta das análogas representações dos primeiros anos da república soviética.

O Partido Social-Democrata continuava, paralelamente, a ignorar os esforços de qualificação política das associações teatrais operárias reunidas no DAThB, aderindo, em linha teórica, ao já nomeado movimento burguês do Laienspiel. Os *Princípios Para o Novo Laienspiel*, publicados em 1924 pelo Ministério do Interior sob o título *Die Volksbühne*, publicação da organização homônima[27], lembram que:

24 Ibidem, p. 197.
25 Sobre os espetáculos de Leipzig, ver Klaus Pfützner, *Die Massesnpiele der Arbeiter in Leipzig 1920-1924*, Leipzig, 1960.
26 Ver G.L. Mosse, op. cit., p. 198.
27 *Die Volksbühne, Zeitschrift für soziale Theaterpolitik und Kunstpflege*, n. 3, 1924, p. 158. Citado em *Deutsches Arbeitertheater*, p. 30-31.

O Laienspiel é uma forma de expressão do instinto lúdico do homem. Não pode ser combatido, mas dever ser afinado, pois não podemos renunciar a qualquer manifestação de autêntica vontade comunitária e de saudável gosto pela vida. [...] O sentido do Laienspiel está na satisfação de um impulso interior, que pode ser realizada de maneira autocriativa na improvisação dentro de um grupo homogêneo ou libertando o próprio Eu de seus vínculos, por meio da imersão, e atuando um Tu poético [...] Laienspiel e cena profissional são totalmente diversos nos seus modos; o teatro profissional requer um público, o Laienspiel pode viver mesmo sem espectadores; o teatro quer levar à representação uma obra de arte, o grupo do Laienspiel quer exprimir a sua própria vida.

Uma semelhante concepção teatral – mesmo aderindo às exigências atuais – escondia, porém, o oportunismo de uma pedagogia que, embora desse generosa abertura à evasão poética dos "instintos lúdicos" do homem, abrandava suas faculdades críticas, rejeitando suas instâncias sociopolíticas.

Uma atitude muito diferente foi adotada desde o início pelo Partido Comunista em relação ao teatro operário. "A *ação* da KPD durante a República de Weimar foi a prática das mais variadas e extraordinárias experimentações artístico-políticas e contrainformativas. Arte profissional-comunista e arte espontâneo-comunista proliferaram paralelamente a partir daquelas bases [...]."[28] O Partido Comunista, efetivamente, seja como promotor direto de iniciativas teatrais ou apoiando e favorecendo indiretamente as iniciativas espontâneas dos operários e dos intelectuais de esquerda, sempre utilizou o meio teatral como importante instrumento de propaganda, com critérios que pretendiam se opor como alternativa aos modernos meios de persuasão de massa.

A forma teatral não profissional inicialmente mais apreciada pelo KPD, que em 1922 estimulou sua introdução nas associações de jovens, foi a do Sprechchor (coro falado). Paralelamente aos grandes espetáculos de massa, nas mais modestas e numerosas festas e celebrações políticas de bairro ou de círculo (1º de Maio, aniversário da Revolução ou da morte de K. Liebknecht e R. Luxemburgo etc.), ao lado das costumeiras manifestações do teatro diletante operário, estava de fato se desenvolvendo o hábito de formar grupos bem ensaiados para a recitação coral de poesias de conteúdo social, escritas

---

28 G. Buonfino, *La politica culturale operaia*, p. 204.

para este fim por artistas como Ernst Toller, Max Barthel ou Berta Lask. Logo os "coros" se tornaram instituições estáveis, especializando-se nesse novo gênero. Se inicialmente os textos recitados pelos grupos comunistas eram os mesmos que os usados pelos grupos social-democratas (patéticos hinos ao socialismo exaltado como meta da humanidade, sem, por outro lado, indicar as vias para alcançá-lo), muito em breve os primeiros rompem com a tradição, introduzindo nos próprios coros claras argumentações políticas, exemplos tirados da vida cotidiana das massas, apelos ao proletariado para a mobilização na luta de classe, transformando-os em eficazes instrumentos de agitação (não por acaso veremos nascer exatamente dos grupos do Sprechchor as primeiras companhias de agit-prop). Gertrud Alexander, crítica teatral de *Rote Fahne*, jornal oficial do KPD, escrevia em 1923: "O Sprechchor foi certamente o elemento mais revolucionário das nossas manifestações, foi também o mais produtivo momento proletário e coletivo"[29]. O coro recitativo se tornou, então, a primeira forma característica do teatro operário de inspiração comunista e permaneceu, em seguida, presente como um dos elementos constitutivos do teatro de agit-prop[30] em todo o arco da sua história.

Porta-bandeira dos grupos comunistas foi o Zentrale Sprechchor de Berlim, dirigido, a partir de 1923, por Gustav von Wangenheim, autor e diretor do *Chor der Arbeit* (Coro do Trabalho) que, introduzindo no texto uma espécie de diálogo--debate didático entre personagens simbólicas, que exigia um maior e mais articulado esforço interpretativo, deu impulso a uma rápida evolução da forma do Sprechchor no sentido de uma maior teatralidade e uma maior eficácia política[31].

Por volta de 1924, superada a fase organizacional mais crítica do imediato pós-guerra, os grandes empréstimos que a América e a Inglaterra haviam concedido à Alemanha para permitir a sua retomada econômica – e assim garantir

---

29 Gertrud Alexander, Ein Jahr Sprechchor, *Die rote Fahne*, ano IV, n. 136, 1923. Citado em Klaus Kändler, *Drama und Klassenkampftlaus*, Berlin: Alfbau, 1974, p. 226.
30 G.L. Mosse, op. cit., p. 199; ele demonstra considerar simplista o fato de o *Sprechchor* ter gerado as formas sucessivas de teatro operário. A nosso ver, no entanto, nelas se coagulam muitos elementos presentes no teatro das últimas décadas.
31 O *Coro de Trabalho*, de G. von Wangenheim e o prefácio escrito pelo autor foram publicados e comentados em *Deutsches Arbeitertheater*, p. 100-130.

o recebimento das indenizações de guerra – deram à nação um bem-estar fictício. Foram anos da chamada "relativa estabilização econômica". Aquilo que os líderes de direita da SPD chamaram eufemisticamente "capitalismo organizado" era, de fato, um renascimento do capital em detrimento da classe trabalhadora, que pagava com desemprego e baixos salários o preço da "racionalização da indústria". A desilusão pela queda das esperanças que haviam guiado a Revolução de Novembro e a constituição da República de Weimar, unida ao descontentamento pela evidente labilidade da situação econômica atual, difundiam no proletariado inquietude e desconfiança. Era o momento para o Partido Comunista, então consolidado sobre posições leninistas, lançar o primeiro ataque tendo em vista as eleições políticas de dezembro de 1924. O teatro também é mobilizado.

Entre 1924 e 1925, o DAThB encontrava-se inesperadamente a observar com incômodo o florescimento de grupos de novas formações que, alinhados com a palavra de ordem do Proletkult, qualificavam de preferência o próprio nome com o atributo "proletário" (cena experimental proletária, teatro proletário, companhia proletária etc.). Eram grupos jovens, excepcionalmente combativos; certamente não era só o "instinto lúdico" ou o amor pela cultura e pelo teatro o que os impulsionava: era sobretudo uma vontade política comum e precisa de intervenção na luta social através dos meios teatrais. O "gênero" preferido era a sátira. Parecia de fato indispensável, naquele momento político em que o oportunismo – "cavalo de Troia da classe dominante no interior do movimento operário"[32] – alastrava-se com velocidade preocupante no proletariado, abrir os olhos dos trabalhadores em relação às armadilhas, ao interesse de classe que o aparente bem-estar e os discursos demagógicos dos governantes escondiam, abatendo sem hesitações as ilusões sociais e os falsos ídolos. Esse gênero de esclarecimento, assumido espontaneamente pelos grupos teatrais operários após o convite feito pelo partido para que todos os seus membros se empenhassem pessoalmente na luta de classes, traduzia-se coerentemente na fórmula satírica;

---

32 *Deutsches Arbeitertheater*, p. 39.

o instrumento cultural mais eficaz de destruição da ordem constituída e dos mitos sociais.

As breves cenas desse teatro satírico podiam, além disso, ser executadas com a máxima simplicidade: poucos elementos cênicos esquemáticos, atuação essencial e veloz, possibilidade dos textos serem redigidos, inclusive, pelos próprios atores--operários[33]. Com a leitura de qualquer dado estatístico ou documento oficial, seguida de poucas piadas precisamente destinadas a destroçá-lo e a ridicularizá-lo, era possível construir verossimilmente uma cena eficaz e não desprovida de um certo *pathos* revolucionário, certamente capaz de atingir o público operário.

Foi, porém, um profissional do teatro, Erwin Piscator, que organizou pela primeira vez os elementos preexistentes no teatro operário na forma em que se desenvolveria o revolucionário *Arbeitertheater* dos anos seguintes.

Aceitando, nos últimos meses de 1924, o convite da KPD para montar uma "noite político-satírica" na circunscrição de Berlim, como andavam organizando em diversos lugares em ocasião da campanha eleitoral[34], Piscator (com a colaboração do "conselheiro ideológico" Felix Gasbarra) elaborou uma sequência de cenas satíricas no formato do teatro de revista burguês, que estava em um momento de grande popularidade pelas contribuições vindas da França e dos Estados Unidos. Tendo como referência ideológica "positiva" as noites, já mencionadas, do Socorro Internacional dos Trabalhadores, o autor buscava usar a variedade e heterogeneidade de elementos do teatro de revista burguês para propor uma série de exemplos díspares, porém voltados todos a confirmar repetitivamente, de modo quase obsessivo, a mesma tese política de fundo, ou

---

33 Os textos de autores profissionais, que serviam a tais fins, efetivamente eram insuficientes em relação às necessidades das companhias em crescimento contínuo. Encontramos os mesmos publicados em três coleções especializadas: Sammlung revolutionärer Bühnenwerke, da Malik-Verlag; Rote Tribüne, da Vereinigung Internationaler Verlagsanstalten; Mit Hammer und Sichel, da Junge Garde. Essa evidente prova do formar-se de uma nova indústria cultural gravitante na órbita comunista nos remete à análise de Buonfino sobre a problemática análoga no seio da social-democracia. Ver *La politica culturale operaia*, p. 130-142.

34 As eleições políticas aconteceram no dia 7 de dezembro de 1924.

seja, a condenação da sociedade atual[35] (o Stationen-Drama expressionista tem sem dúvida o seu peso em uma estrutura deste tipo). O texto da *Revue Roter Rummel* (R.R.R.-Revista da Revolta Vermelha) de Piscator não foi encontrado, porém, foi possível, através de artigos de jornal e testemunhos diretos, reconstruir de modo aproximado o programa composto por cenas representativas das mais variadas formas de espetáculo, dos duos operísticos às lutas clownescas, das músicas e canções aos relatórios estatísticos, da projeção de *slides* às acrobacias, das cenas dramáticas aos versos dos vendedores ambulantes[36]. Duas personagens serviam de guia e ligação entre os vários quadros do espetáculo, comentando a ação: o "burguês" e o "proletário", as primeiras de uma série de "tipos fixos" que veremos em seguida caracterizar as "revistas vermelhas", que rapidamente se proliferaram. A forma do *Kabarett* político permaneceu dominante nos programas de teatro proletário-revolucionário durante toda a década de 1920, atingindo, com a contribuição caracterizante das técnicas do teatro russo de agitação e propaganda difusas na Alemanha em 1927, o máximo aperfeiçoamento nos espetáculos das *Agitproptruppen*.

Quando Piscator, em julho de 1925, por ocasião do X Congresso do Partido Comunista (KPD), encenou *Trozt alledem!* (Apesar de Tudo!)[37], uma "revista histórica" sobre a luta revolucionária da Liga Spartakus nos anos da Primeira Guerra Mundial, conseguiu elaborar, com uma montagem de documentos da época, dentre os quais figurava pela primeira vez de modo sistemático a crônica cinematográfica, uma nova forma teatral que deveria inserir-se com eficácia também nos programas do teatro operário. Assim como a R.R.R., esta segunda revista política, que também resultou da redução, forçada por desejo do partido, de um mastodôntico projeto inicial para um espetáculo de massa a ser representado em espaço aberto

---

35 Sobre a gênese da R.R.R., ver Erwin Piscator, *Il teatro politico*, Torino: Einaudi, 1960, p. 55-58.
36 A reconstituição a que nos referimos é feita por L. Hoffmann e D. Hoffmann-Ostwald que reproduzem também alguns testemunhos da imprensa da época, ver *Deutsches Arbeitertheater*, p. 154-161; para uma análise crítica da R.R.R. são importantes as contribuições de C.D. Innes, op. cit., p. 41-49; Massimo Castri, *Per un teatro politico*, Torino: Einaudi, 1973, p. 74-77; K. Kändler, op. cit., p. 196-201.
37 *Apesar de tudo!* é o título de um célebre discurso de Karl Liebknecht.

com 2 mil intérpretes, obtém o consenso incondicional do público[38]. De acordo com o próprio diretor[39] e com relatos contemporâneos, contribuiu de maneira determinante para provocar a participação emotiva dos espectadores o uso de trechos de documentários (prevalentemente cenas de guerra e da Revolução de Novembro) inseridos programaticamente como comentário e expansão da ação cênica:

> O que viam desenvolver-se diante de seus olhos era realmente o destino deles, as suas tragédias pessoais. O teatro havia se transformado em autêntica realidade, e logo não tínhamos mais um palco diante da plateia, mas uma única e imensa sala de reuniões, um único e imenso campo de batalha, uma única e imensa demonstração. Foi essa unidade que naquela noite nos deu a definitiva demonstração da força propagandística de que dispõe o teatro político.[40]

E é essa mesma carga emotiva (apesar de Piscator falar sempre de teatro racional em sua elaboração teórica de um teatro político) que o movimento agit-prop nascente utilizará para sua explosiva ação de contrainformação e de propaganda.

O "Programa de Ação da KPD", formulado exatamente naqueles dias do X Congresso do partido, mobilizava todas as forças proletárias na luta organizada contra a burguesia imperialista e o seu "fruto escravista", o plano Dawes, aprovando uma campanha de "Agitação e Propaganda". Nele se lia, entre outras coisas:

> Para utilizar estas organizações de massa (os sindicatos) na luta revolucionária, para atrair as massas para a revolução social e subtraí-las do reformismo, é necessário: a) que todo comunista seja um membro ativo dos sindicatos [...] b) que todo comunista se declare disposto e comprometido a assumir qualquer função sindical.[41]

Tais diretivas políticas foram imediatamente aceitas pelas organizações teatrais diletantes dos operários. Quando, em

---

38 Atemo-nos, neste caso, ao comentário do próprio Piscator presente em seu livro que, escrito no fim dos anos de 1920 e, portanto, contemporâneo aos próprios eventos em questão, reflete as intenções e o juízo do diretor, restabelecendo, portanto, não tanto o espetáculo, quanto a problemática a este coligada.
39 Cf. E. Piscator, op. cit., p. 59-66.
40 Ibidem, p. 65.
41 *Beschlüsse des X. Parteitags der KPD*, Berlin 12/17 jul. 1925, Berlin, ZkdKPD, 1925, p. 56, citado em F.W. Knellessen, op. cit., p. 271.

1926, a KJVD, Kommunistischer Jugendverband Deutschland (União da Juventude Comunista) transformou, sob a direção de Maxim Vallentin, o seu "Sprechchor" na Primeira Companhia de Agit-prop da KJVD[42], esta se considerava parte do aparato de agitação e propaganda do partido. O teatro operário se declarava explicitamente um teatro revolucionário.

Para esta transformação contribuíram as informações que chegavam da Rússia acerca do "jornal vivo", a nova forma de teatro operário soviético. Tratava-se de pequenos grupos versáteis e extremamente móveis, que absorviam em formas teatrais uma tarefa árdua, mas indispensável, da organização agit-prop soviética: a difusão tempestuosa e eficaz, nos pequenos centros e nas áreas rurais do país, de notícias sobre os acontecimentos nacionais, campanhas higiênico-sanitárias, diretivas do partido etc., bem dificilmente transmissíveis por outras vias (lembremos como em Moscou nos primeiros anos da Revolução a mesma função foi desempenhada pelas vitrines da ROSTA). Particular popularidade tinha também na Alemanha o grupo dos Blusas Azuis de Moscou[43], reconhecido unanimemente por seu altíssimo nível técnico e artístico na elaboração e execução dos espetáculos.

Convidados para ir à Alemanha pela Piscator-Bühne no outono de 1927, os Blusas Azuis se exibiram triunfalmente por cinco semanas nas maiores cidades alemãs, suscitando com sua passagem um excitado fermento inovador nas associações teatrais operárias. A estrutura global de seus espetáculos era heterogênea, parecida com a das "revistas vermelhas" alemãs,

---

42 Erste Agitproptruppe der KJVD. A primeira companhia agit-prop da KJVD agiu pela primeira vez sob esse nome na primavera de 1927, apresentando uma grande revista política intitulada *Hände weg von China* (Tirem as Mãos da China) sobre a exploração colonialista dos "coolies" chineses. (Texto, documentos e procedimentos de polícia que diziam respeito ao espetáculo em *Deutsches Arbeitertheater*, p. 194-209.)

43 O primeiro grupo dos Blusas Azuis nasce em 1923 em Moscou por iniciativa do Instituto de jornalismo, derivando o próprio nome das camisas de trabalho dos operários, que acabaram se transformando em uniforme. Logo proliferaram na União Soviética grupos com o mesmo nome, que se uniram na associação Teatro Central dos Blusas Azuis e publicaram o mensário *Blusas Azuis*. Em 1926 a associação reunia 5 mil grupos com cerca de 100 mil membros. Sobre o fenômeno teatral e político dos Blusas Azuis, ver, em particular, *Deutsches Arbeitertheater, 1918-1933*, p. 210-237, que une a história do movimento a uma vastíssima seleção de documentos sobre a viagem dos Blusas Azuis à Alemanha, e Frantisek Deák, Blue Blouse, *The Drama Review*, n. 57, mar. 1973, p. 35-46.

mas muito mais ágil e incisiva. As cenas breves e eficazes, ligadas entre si pela intervenção de um comentarista, eram ricas de cantos, danças e exercícios acrobáticos nos quais o grupo era ótimo; o ritmo era frenético e cativante; o equipamento cênico, essencial, e o figurino, simbólico. Esses traços característicos, dos quais o teatro de agit-prop alemão se apropria, passam a fazer parte das formas anteriormente elaboradas por eles.

Ao longo dos anos 1927 e 1928 dezenas e dezenas de *Agitproptruppen* se constituíram em todas as grandes e pequenas cidades da Alemanha. Chamavam-se Blusas Azuis, Blusas Vermelhas, Foguetes Vermelhos, Forja Vermelha, Lâmpadas Vermelhas, Bacilos Vermelhos, Jovem Guarda, Coluna de Esquerda, Tambores Vermelhos, Assaltantes, Agitadores, Hereges etc.[44] Embora estivessem ligados ao programa da seção agit-prop do partido, uniram-se na organização do DAThB.

A Liga do Teatro Operário, a essa altura, era formada por grupos bastante heterogêneos, quer seja do ponto de vista teatral, quer seja ideológico. Atravessando os anos pós-guerra sem conseguir resolver a própria contradição política, apesar de se proclamar associação "proletária" e "puramente marxista", a Liga se encontrava, por volta de 1926, internamente dividida por contrastes notáveis. Klaus Pfützner delineia, quatro correntes principais no seio do DAThB[45]: um grupo reformista, que incluía a maioria dos adeptos e detinha a direção, seguindo um programa de luta contra as tendências reacionárias burguesas através de uma política de "formação" do proletariado; um grupo revolucionário, que se exprimia teoricamente no periódico *Die Volksbühne*, opondo-se sem sucesso à direção; um grupo pequeno-burguês voltado a um programa leve e descompromissado, que queria unir os interesses teatrais do proletariado aos da pequena burguesia; e um grupo burguês que queria impor uma própria "escola estética" derivada do *Laienspiel*. Em meio a tantas solicitações, a direção da Liga, embora fosse declaradamente independente de qualquer

---

44 Uma lista detalhada de todas as companhias agit-prop ativas na Alemanha entre 1927 e 1933 se encontra em *Deutsches Arbeitertheater*, p. 788-791.

45 *Der Deutsche Arbeiter-Theater-Bund und seine Umgestaltung zu einer revoluzionären Massenorganization des deutschen Proletariats in den Jahren 1926-1930*, tese de graduação, Leipzig, Theaterhochschule, 1956. Citada em F.W. Knellessen, op. cit., p. 272-273.

partido político, como lembramos, não conseguia efetivamente liberar-se dos critérios populistas da social-democracia, que, em 1926, reafirmava mais uma vez sua própria atitude costumeira na luta por uma cultura socialista, sustentando que essa nascia "em primeiro lugar, do espírito difundido de solidariedade de todos os homens – nós não queremos uma *cultura de classe* – e, em segundo lugar, da consciência da genuinidade e essencialidade de toda a vida expressiva humana – nós não queremos uma *cultura fictícia e ilusória*"[46].

A adesão à Liga, em 1926, dos grupos comunistas da circunscrição de Berlim, que haviam se associado recentemente sob a influência direta do Comitê Central Agit-prop da KPD, foi acolhida com fundamentada preocupação da direção. Já no Congresso DAThB daquele mesmo ano, os recém-chegados representam uma temível oposição, conseguindo atrair para a associação a IAH – coisa que os grupos de esquerda haviam tentado em vão no congresso anterior, de 1924 – e a designação de Berlim como sede da próxima reunião. O periódico *Die Volksbühne* (A Cena do Povo) mudou o próprio nome para *Die Arbeiterbühne* (A Cena Operária).

Em abril de 1929, o x Congresso foi organizado pelos grupos de agit-prop de Berlim, sob a direção de líder Arthur Pieck[47] e com a ajuda direta do partido, que havia pedido também aos seus outros grupos teatrais para que se unissem aos companheiros berlinenses, de modo a favorecer um ataque decisivo às posições reformistas. Foi publicado um fascículo teórico programático do novo curso desejado pela Liga[48] e organizada uma exposição com o material do teatro operário revolucionário; na redação do opúsculo colaboraram personalidades famosas do mundo do espetáculo e da cultura, ligadas à ideologia comunista (entre outros, Frida Rubiner, Ernst Toller, Erich Weinert, Berta Lask, Béla Balázs, Maxim Vallentin, Felix Gasbarra, Erich Mühsam, Johannes R. Becher, que participaram também dos trabalhos do congresso); da

---

46 *Arbeiter-Bildung. Zeitschrift der Reichausschusses für sozialistische Bildungsarbeit*, n. 10, Berlin, 1926, p. 168. Citado em *Deutsches Arbeitertheater*, p. 31.
47 Filho de Wilhelm Pieck, um dos fundadores do Partido Comunista alemão, foi presidente da DDR de 1949 a 1960, ano de sua morte.
48 *Das Arbeiter-Theater: Neue Wege und Formen der Bühnenpropaganda*, Berlin, 1928.

mostra participou Erwin Piscator, com os modelos cênicos de *Bandeiras* e *Rasputin* e com a maquete do "teatro total", projetado para ele por Walter Gropius, apresentada pela primeira vez ao público. O teatro operário fazia, assim, contato oficial e direto com os intelectuais de esquerda, que teriam dali em diante conduzido a discussão teórica em torno da práxis teatral revolucionária.

O DAThB saiu do X Congresso transformado até no nome, que se tornou ATBD. A direção passava às mãos dos comunistas com um comitê diretivo formado por Arthur Pieck e Arthur Frölich nas qualidades de primeiro e segundo presidente, Alf Raddatz como responsável pelo "Arbeiterbühne" e Béla Balázs como diretor artístico[49]. Com os social-democratas terminando em minoria, a Liga foi reorganizada sob o molde da participação direta dos grupos na luta de classe. Com o lema "Kunst ist Waffe" (a arte é uma arma), cunhado por Friedrich Wolf[50], o ATBD adotou uma linha de ação claramente delineada nestas linhas de Arthur Pieck:

Em uma época de grandes contrastes de classe, a classe operária deve usar todos os meios para levar às massas clareza e combatividade. A propaganda teatral é tida como um dos meios mais eficazes e cada grupo teatral proletário deve agir neste sentido. Só assim a Liga do Teatro Operário ganhará a posição que fará dela um fator político-cultural e que a colocará na posição que lhe cabe dentro do movimento proletário e a partir de onde se inicia a sua tarefa.[51]

As companhias de agit-prop da KJVD aderiram em massa à Liga, constituindo logo um modelo para todos os outros grupos associados, graças a seu estímulo e combatividade. O SPD incitou seus simpatizantes a abandonar a Liga, esperando com isso causar uma dispersão; muitos deles efetivamente saíram da ATBD dois anos depois (1930), fundando um novo grupo social-democrata, a ALV – Arbeiter-Leienspiel-Verband (União do Laienspiel Operário); a maioria dos grupos, todavia, aderiu

---

49 A resolução do X Congresso DAThB e alguns dos eventos mais significativos podem ser encontrados em *Deutsches Arbeitertheater*, p. 302-316.
50 Grande parte de *A Arte É uma Arma* de F. Wolf, sugestivo apelo que foi lido pelo próprio durante o encontro, foi traduzida em G. Buonfino, Agitprop e "controcultura" operaia, op. cit., p. 117.
51 *Das Arbeiter-Theater...*, p. 2.

à nova linha de ação (mesmo sem abraçar a ideia comunista), dando vida a um movimento agit-prop social-democrático que participou mais tarde ativamente da luta antifascista[52].

A conquista da função de guia no interior do movimento teatral operário por parte dos grupos agit-prop com somente dois anos de existência não pode ser atribuída somente à organização política do partido que os havia dado suporte, dirigindo a sua escalada no seio da ATBD. Sua força de maior prestígio parecia residir em seu inédito *Dasein*: na organização coletiva interna, na forma teatral "espontânea" (de base) e agressiva, na "relação orgânica" com os espectadores. A análise do teatro de agit-prop feita a seguir leva em consideração o projeto que lhe dá vida, e encontra correspondência direta no momento da fruição[53].

Em sua fase inicial, as companhias de agit-prop eram geralmente formadas por de sete a dez membros, na maioria operários, voluntariamente unidos no compromisso com a propaganda comunista; dedicavam ao teatro todas as horas que o trabalho nas fábricas deixava livres. O grupo se autofinanciava através da contribuição dos próprios integrantes e usufruía de uma receita modesta que algumas exibições a convite lhes proporcionavam[54]. No interior do coletivo não existia inicialmente especialização; juntos elaboravam os textos, juntos encontravam soluções cênicas mais convenientes, juntos confeccionavam os materiais de cena; a divisão das tarefas acontecia de vez em quando em relação às exigências imediatas. Em seguida, o

---

52 Informações sobre os grupos de agit-prop da SPD podem ser encontradas em G. Buonfino, Agitprop e "controcultura" operaia, op. cit.

53 Referimo-nos aqui, respectivamente, aos escritos teóricos e programáticos e às crônicas e críticas da época, presentes não somente em L. Hoffmann, mas também D. Hoffmann-Ostwald, em *Auf der roten Rampen, Erlebnisberichte und Texte aus der Arbeit der Agitproptruppen vor 1933*, Berlin: Henschelverlag, 1963. Recordamos também estudos já citados de F.W. Knellessen, que analisa a estrutura do teatro de agit-prop em relação à multiplicidade de formas teatrais políticas na República de Weimar, e de K. Kändler que identifica particularmente as características dramatúrgicas. Um enquadramento teórico do teatro de agit-prop, mesmo que ideologicamente parcial, pode ser encontrado também em C.D. Innes, op. cit., p. 23-65.

54 G. Buonfino recolheu pessoalmente um testemunho oral do ex-diretor de uma companhia, este material traz um interessante depoimento sobre a estrutura organizativa dos grupos de agit-prop. Ver Agitprop e "controcultura" operaia, op. cit., p. 100-103.

coletivo organizou-se por setores de competência, de modo a agilizar o trabalho de preparação, embora mantivesse uma colaboração bastante próxima e contínua. Os atores-operários eram geralmente jovens e ágeis, sabiam tocar algum instrumento, cantar, fazer acrobacias. Às vezes havia no grupo uma figura-guia: um ator, um intelectual, um político; isso, entretanto, não desnaturava o senso do coletivo, cuja potência de impacto político (e teatral) residia fundamentalmente na seriedade (ética) de uma escolha comum, escolha de um empenho pessoal rigorosamente cumprido, de uma conotação ideológica que se tornava a medida do vivido através da exposição pessoal na ação teatral.

As formas teatrais do agit-prop eram substancialmente aquelas que vimos ganhar corpo nos últimos anos. Dominava o campo a "revista", geralmente uma mistura dos gêneros satírico e documentário. A técnica mais difundida na criação de espetáculos era a "montagem" de cenas isoladas e entreatos em uma estrutura aberta que permitisse movimentar os "quadros" segundo as exigências do momento. Frequentemente mesmo as cenas isoladas eram construídas de modo polivalente, adaptáveis a qualquer ambiente e às ocasiões diversas em que eram apresentadas. As peças montadas tinham duração variável, mas geralmente (sobretudo no início) eram breves e concisas. Cenas "interpretadas" eram intercaladas por cantos, músicas, projeções de cinema e *slides*, números acrobáticos e clownescos, pantomimas, ações com silhuetas e bonecos; o final de praxe era o canto coletivo da *Internacional*. As ações cênicas eram de preferência estruturadas com "tipos" fixos, esquematização das classes ou categorias sociais (caricatas as figuras negativas: o burguês, o general, o padre, o capitalista, o patrão, o policial etc.; épicas, as positivas: o operário, a guarda vermelha, o combatente do fronte vermelho, o pioneiro etc.) ou simbolizações análogas de Estados e ideologias políticas (a Prússia, a Bavária, a SPD, a "Grande coalizão", a Internacional, a União Soviética etc.). Os textos, geralmente escritos coletivamente pelo grupo, miravam mais a clareza e a eficácia do que a forma literária.

As falas eram breves, com a máxima simplicidade sintática e lexical, e aconteciam com escansão rítmica bem definida para facilitar a compreensão do público em qualquer tipo de ambiente. Bem poucos são os textos encontrados com data anterior a 1928, e inúmeros, entretanto, os dos anos sucessivos, depois que a fundação do jornal *Das rote Sprachrohr*[55] possibilitou reunir e publicar os materiais das companhias de agit-prop.

Os temas eram de grande atualidade: comentário e sátira da situação política e social, denúncia dos abusos e da corrupção da sociedade capitalista ou incitamento à mobilização para a luta de classes revolucionária. Os ataques mais frequentes e violentos eram endereçados ao reformismo e ao oportunismo da SPD, à exploração capitalista da classe operária favorecida pela Inglaterra e pelos Estados Unidos, à Igreja e, mais tarde, ao fascismo. Durante greves, manifestações particulares, campanhas eleitorais etc., montavam-se com a máxima rapidez espetáculos *ad hoc*, modificando as tramas existentes ou recriando-as, até mesmo através de improvisações durante a ação.

Como o objetivo principal do teatro de agit-prop era abrir os olhos da classe operária e convencê-la das teses comunistas (deve-se considerar que a ação propagandística dos grupos se transformava em uma verdadeira campanha de proselitismo através da filiação imediata do público às organizações operárias de partido e à assinatura das publicações comunistas), os textos, apesar de breves, eram elaborados para favorecer um envolvimento emotivo imediato: quase não faltava, por exemplo, um martelante e persuasivo crescendo final em que várias vozes se entrelaçavam e se sobrepunham na declamação dos *slogans* do partido com um efeito realmente cativante.

A "encenação" das peças agit-prop era também simples e esquemática. Geralmente não havia cenografia; quando o espaço disponível permitia, cartazes ou faixas de papel e tecido com desenhos e escritos serviam de fundo para a ação. Às vezes eram usadas grandes silhuetas de papelão pintado para representar principalmente os "inimigos", ou seja, os "tipos" negativos. Projeções de *slides* e filmes comentavam a ação quando possível, principalmente para fins de documentação, mas também voltadas à ambientação cênica. Os acessórios

---

55 *Das rote Sprachrohr: Material für Agitproptruppen und Arbeitertheatervereine*, Berlin, 1929s. Em 1928 a Primeira Companhia Agit-prop da KJVD de Maxim Vallentin mudou seu nome para Das rote Sprachrohr, fundando depois um jornal homônimo.

indispensáveis para a ação (ferramentas de trabalho, armas, sacos de dinheiro etc.) geralmente eram declaradamente falsos e maiores que o normal, acentuando o significado simbólico da própria presença. O uniforme dos atores-operários era quase sempre um macacão de trabalho, sobre o qual usavam poucos e coloridíssimos acessórios característicos dos "tipos" representados (cartola e bengala para o burguês, medalhas e boina para o general e assim por diante). Em cena apareciam frequentemente instrumentos musicais de todos os tipos, tocados um pouco por cada membro da companhia. Não se usava maquiagem, exceto em caso de caracterização caricata. O equipamento dos grupos era tão reduzido e funcional que permitia montagens e deslocamentos muito rápidos, inclusive com meios de transporte improvisados; tudo fazia parte de um projeto que tinha a intenção de permitir uma legibilidade imediata do espetáculo através de elementos visuais sintéticos pertencentes a um código universalmente conhecido.

Textos e atributos cênicos de tal gênero vetavam consequentemente qualquer forma de naturalismo na interpretação. Não existindo a personagem como indivíduo, mas somente o tipo como esquematização de uma categoria, abolia-se qualquer problema de psicologização da interpretação. Os atores-operários "diziam" suas próprias falas, articulando-as bem para favorecer a compreensão, acentuando as sutilezas satíricas ou épicas, muitas vezes abordando diretamente o público para comentar a ação, chamando-o para julgar ou incitando-o à luta. Os gestos e os movimentos amplos e acentuados e o ressaltar amplificante das frases pronunciadas obedeciam também um código gestual elementar, mas não realístico. A figura do operário, sempre presente em sua roupa de trabalho sob a veste colorida do "tipo" representado, permitia criar uma persistente forma de "estranhamento" da ação cênica – de caráter bastante diferente do distanciamento produzido com o uso da sátira no *Kabarett* burguês, pois aqui se desencadeava uma profunda identificação espectador-operário/ator-operário – favorecendo o efeito didático da representação. Em contrapartida, as exibições acrobáticas, a música violenta, os coros veementes, os gritos de batalha, os dedos apontados etc., constituíam elementos de puro apelo emocional. Encontramo-nos, então, frente a uma estrutura oratório-didático-demonstrativa dotada de um forte impacto emotivo que tende à persuasão.

Os grupos de agit-prop, movendo-se rapidamente com todos os tipos de transporte (em geral, motos ou caminhões velhos), atuavam em toda parte: muito raramente em teatros (o local predestinado), mais frequentemente nos espaços de convívio, em salas de encontro de todos os tipos e dimensões e em locais abertos, nas ruas e nas praças, nos pátios, em frente às fábricas e escolas, sobre carros e caminhões, em cima de mesas e caixas viradas de cabeça para baixo. Em tanta variedade de lugares e ambientes, aos quais os agitpropistas se adaptavam com desenvolta elasticidade, um elemento permanecia invariável: o público, que eles queriam e sabiam abordar, o proletariado, a classe operária, os comunistas. Ao contrário do teatro político de Piscator ou de Brecht, aqui não se encenava para um público heterogêneo, unido somente pelos bilhetes adquiridos na bilheteria; neste caso, com uma clara escolha política "contracultural"[56], atuavam "operários frente a operários", tendo como resultado uma adesão muito mais imediata e completa dos espectadores, pois aquilo que viam tinha sido elaborado com base em suas exigências particulares por pessoas que compartilhavam das mesmas exigências. Atingia-se, desse modo, aquela "relação orgânica" espetáculo-público teorizada há muito tempo, em outras bases, nas utopias que fundam o teatro de direção e nunca completamente realizada pelos profissionais do espetáculo.

Da rápida análise feita até aqui pode-se intuir facilmente que, mais do que obedecer às leis do teatro, o agit-prop obedecia às leis da comunicação; para confrontar e medir constantemente esse fenômeno não podemos, portanto, adotar uma história das formas teatrais, e sim uma hipotética história do uso do teatro como meio de comunicação.

Essa constatação, em nossa opinião, fundamental, é confirmada cada vez mais claramente se analisarmos as respostas que o teatro de agit-prop parece dar (na teoria e na prática) às

---

56 Lembramos a análise do teatro de agit-prop como "contracultura" de G. Buonfino em Agitprop e "controcultura" operaia e no último capítulo de La politica culturale operaia.

novas e velhas perguntas que são feitas, de dentro ou de fora, a todo o teatro "político" daqueles anos.

A dicotomia entre fruição racional e emotiva do teatro político, posta pelos diretores-teóricos Piscator e Brecht, embora em níveis e modos diferenciados (e que, de acordo com o crítico moderno Christopher D. Innes, teria relação direta com a oposição funcional dos dois termos agitação e propaganda[57], em que um parece exigir a reflexão racional sobre fatos e ideias para provocar uma tomada de consciência justificada, e o outro, uma excitação emotiva para suscitar uma reação imediata), podia na verdade constituir um problema básico no âmbito de uma fruição indiferenciada e no interior de uma "instituição artística" essencialmente burguesa, mas perdia a sua contraditoriedade quando se atuava dentro de uma organização proletária com fins declaradamente políticos e diante de um público-alvo (*Zielgruppe*) preciso de uma classe social bem definida. Não se tratava, portanto, de identificar uma função "universal" do teatro político, ou seja, de que modo o teatro podia ou deveria absolutamente desempenhar uma ação política; tratava-se de fazer política através do teatro, nos moldes e com os meios permitidos e exigidos pelas situações ambientais contingentes. Tendo optado, em oposição à comunicação de massa, por uma contrainformação direta, capilar, voltada a grupos restritos e homogêneos (operários da mesma fábrica, inquilinos do mesmo conjunto habitacional popular, inscritos em uma mesma associação operária etc.), cujas exigências comuns já eram conhecidas, a alta incidência emotiva dos espetáculos era a arma de maior eficácia persuasiva.

O caráter popular do teatro proletário, que as associações amadoras da SPD pensavam erroneamente haver encontrado nos idílicos *Laienspielen* da burguesia, que refletiam, na realidade, somente a ideia que a burguesia desejava manter do povo, também encontrava uma expressão original no teatro de agit-prop. A sua "popularidade" residia, de fato, na homogeneidade entre espetáculo e público proletários, de modo que os conteúdos transmitidos tinham realmente origem e apreciação popular, e exprimiam, mais que isso, os interesses mais sentidos

---

[57] Op. cit., p. 29-31.

do "povo", despido da irreal conotação interclassista e nacionalista de origem burguesa e atualizado em seu significado político de classe proletária[58].

Na nova perspectiva que estamos delineando, caem por terra as instâncias "estéticas" pertinentes ao "gênero" teatro, segundo toda uma tradição burguesa que se apoiava na linha social-democrata. O axioma "teatro = arte" perdia fundamento quando o meio teatral se propunha como instrumento de comunicação, como técnica de contracultura, como arma de conquista política. O aspecto estético podia manter certa importância para a sua incidência sobre a eficácia da ação, porém, não existia como premissa vinculante (e lembremos como este postulado levou a atitude de Piscator no projeto do teatro proletário às últimas consequências na prática[59]). A "arte", neste caso, readquiria o seu significado primitivo de "técnica", deixando para trás o conceito burguês de lugar designado do "belo". E, nesse sentido, podia-se certamente considerar o agit-prop arte, pois as formas atuadas sob o seu nome, embora de disparatadas proveniências, atingiram a máxima funcionalidade para o fim ao qual eram destinadas no auge do teatro operário.

A densa discussão em relação ao repertório que se desenvolvia no interior do movimento agit-prop também estava voltada à solução mais adequada para o problema comunicativo. As tantas polêmicas em torno às cenas breves ou longas, ao teatro de luta ou de celebração, à sátira ou o drama social, nasciam da vontade de adequar a própria tática de propaganda às necessidades funcionais, como podemos constatar com clareza no início dos anos de 1930, quando da ascensão nazista, que levará a notáveis mudanças táticas.

O problema do uso da herança burguesa, bastante debatido pelos teóricos marxistas da literatura, encontrava possibilidades inéditas de solução. Tentamos mostrar como no teatro de agit-prop convergiam, juntamente a elementos originais provenientes da busca proletária, técnicas e modos de origem

---

58 A esse propósito ver as argumentações de Béla Baláz, em *Deutsches Arbeitertheater*, p. 53.

59 Referimo-nos à analise de Piscator sobre o teatro proletário publicada em *Il teatro politico*, p. 31-40, mas além dessa tem-se presente sobretudo a interpretação ideologizada de M. Castri, op. cit., p. 64-72.

burguesa (e sobretudo, mais especificamente, da vanguarda burguesa que se opunha à cultura tradicional), absorvidos sem problemas por serem funcionais à comunicação política. Eram os novos conteúdos transmitidos por estas formas contaminadas que alteravam a sua natureza, mudando o seu vulto até então conhecido, transformando-as em formas aparentemente e substancialmente novas. Realizava-se, assim, aquela conformidade entre forma e conteúdo perseguida em vão pelo teatro operário das primeiras décadas do século. Todas as discussões sobre o emprego dos modos do teatro tradicional, ou sobre o excessivo distanciamento do teatro profissional com relação à práxis, perdiam a pertinência nesse contexto: teatro de agit-prop e teatro "institucionalizado" simplesmente não podiam ser contrapostos, pois eram duas realidades distintas, dois fenômenos coexistentes, mas pertencentes a duas esferas totalmente diferentes: duas ideias de teatro. (Somos forçados a um discurso desse gênero por conta da viscosidade da historiografia do teatro, que impõe modelos canonizados de confronto; bem mais linear pereceria uma história do teatro pautada na comunicação.)

Após o Congresso ATBD de 1928, iniciou-se uma fase de expansão progressiva e organizada para o teatro de agit-prop, favorecida sobretudo pelas organizações juvenis do partido. Muitos grupos novos não só se formaram por toda parte, como alguns dos maiores, que cresceram além do necessário, cindiram-se em torno de 1930 em várias companhias, ampliando cada vez mais o raio de ação do movimento. Não havia manifestação sob a égide das organizações operárias de esquerda que não tivesse a exibição de um grupo de agit-prop, fosse ela uma festa de caráter celebrativo ou uma greve de protesto. Embora os grupos atuassem geralmente para uma quantia limitada de pessoas, o elevado número de apresentações fez com que o teatro de agit-prop entrasse em concorrência, quanto aos espectadores, com a "grande" Volksbühne que, por sua vez, após a ruptura com Piscator em 1927[60], cada vez mais fragmentada por oposições internas e externas à sua perene linha de neutralidade política, já tinha mais inscritos burgueses que operários.

---

60 Cf. E. Piscator, op. cit., p. 87-111 e A. Schwerd, op. cit., p. 91-115.

A influência do movimento teatral agit-prop estendeu-se também às organizações infantis. Com base no modelo dos adultos, a associação comunista dos Pioneiros Vermelhos fundou grupos de crianças, que, usando as mesmas técnicas, levavam os seus espetáculos a familiares e coetâneos nos ambientes que mais frequentavam, como associações, pátios e parques. O primeiro grupo infantil se formou em 1927 em Berlim com o nome Die roten Trommler (Os Tambores Vermelhos), usado mais tarde também pelo porta-voz de todo o movimento teatral infantil (sessenta grupos em 1932), a publicação dos "pioneiros vermelhos", *Die Trommel*[61].

O fascículo do x Congresso ATBD incluía um artigo de Frida Rubiner, em que se lê:

Na montagem das "peças", as crianças se mostraram muito ricas de iniciativa e ideias. Enquanto os trabalhadores adultos ainda temem um diálogo com o chefe ou, em uma cena na agência de emprego temem falar de modo espontâneo e transferir para o espetáculo a sua experiência cotidiana, as crianças "atuam" com muita iniciativa. O que disse o professor? Para que serve a religião? As crianças devem apanhar? A estas perguntas as crianças sabem responder. Com uma direção perspicaz, as crianças são capazes de montar sozinhas sequências inteiras de cenas.[62]

A problemática da criatividade infantil não era nova para a teoria educativa comunista; os pedagogos russos tinham tido experiências em comunidades infantis onde era dado muito espaço para realizações criativas das crianças, e Asja Lacis havia feito em Orel, com os órfãos de guerra, a mais completa e metódica realização de uma práxis educativa baseada na experiência teatral coletiva[63]. Na realidade, os grupos teatrais dos Pioneiros interpretavam prevalentemente textos escritos para eles por adultos (com poucas exceções), montados com uma cuidadosa direção e carregados de *slogans* do partido, e eram substancialmente usados pelo movimento agit-prop como um ás na manga para alavancar o sentimentalismo dos pais com seu frescor e entusiasmo (atitude bem demonstrada

---

61 *Die Trommel. Zeitung der Arbeiter und Bauerkinder*, Berlin, 1920s.
62 Arbeitertheater im Klassenkampf, em *Das Arbeiter-Theater*. Citado em *Deutsches Arbeitertheater*, p. 307.
63 Ver A. Lacis, *Professione: rivoluzionaria*, Milano: Feltrinelli, 1976, p. 78-89.

pela inclusão dos Pioneiros na campanha da propaganda eleitoral de 1930). Todavia, é importante salientar como, baseado em organizações infantis desse tipo e na contribuição das experiências russas de Lacis (e em sua específica intervenção e corresponsabilidade ideológica), veio à luz, naqueles anos, aquele que até hoje pode ser considerado o mais avançado projeto de educação proletária: o "Programa Para um Teatro Proletário das Crianças" de Walter Benjamin[64], cujos comitentes foram Hanns Eisler, um dos maiores expoentes do grupo de agit-prop, O Megafone Vermelho – porta-bandeira do movimento –, que também tinha uma companhia infantil, e o fundador e presidente da BPRS, e homem de ponta do aparato cultural do partido, Johannes R. Becher[65].

O programa de Benjamin que, a propósito, constitui também o seu mais específico ato de adesão ao marxismo, jamais foi realizado oficialmente devido ao avanço do nazismo, e sua divulgação no interior do partido também parece ter sido bastante reduzida. As organizações teatrais infantis acabaram, assim, sendo dominadas pela doutrinação política que tão claramente Benjamin rejeitara em seu modelo de educação alternativa: "o programa do partido não é instrumento de uma educação que tenha consciência de classe, porque a ideologia, sumamente importante em si mesma, chega à criança somente como frase"[66]. Porém, os Tambores Vermelhos eram programados como instrumento de luta de classes, um âmbito, portanto, em que a "frase" parecia indispensável suporte da práxis política; o conflito dialético entre a teoria pedagógica do *Programa* e a práxis revolucionária do teatro infantil permanecia assim sem solução.

Enquanto Brecht e Piscator elaboravam as teorias de dois diferentes teatros "épicos", Reinhardt estava no auge da carreira,

---

64 O movimento infantil dos Tambores Vermelhos em relação à problemática educativa comunista, com particular referência a A. Lacis e W. Benjamin e ao contemporâneo teatro infantil da democracia social, foi estudado por Melchior Schedler, *Kindertheater: Geschichte, Modelle, Projekte*, Frankfurt/M.: Suhrkamp, 1972, p. 209-255. Ver W. Benjamin, Programma per un teatro proletario dei bambini, em A. Lacis, op. cit.
65 Lembremos que em seguida J.R. Becher foi ministro da Cultura da DDR desde 1954 até sua morte.
66 W. Benjamin, Programma..., em A. Lacis, op. cit., p. 83-84.

o teatro expressionista de Leopold Jessner, Karlheinz Martin e outros dava o melhor de si contrastado pelo nascente drama da Neue Sachlichkeit (Nova Objetividade), as companhias de agit-prop estendiam suas redes nas salas dos bairros periféricos onde "seu" público vinha em massa. O trabalho teatral de agitação e propaganda era já um ponto de força do KPD, que em seu congresso (1929) declarava:

As associações teatrais operárias não eram mais suficientes para atender a crescente demanda de companhias de agit-prop. Estas se multiplicaram em 1925, 1926, 1927 e agora atingiram um número realmente surpreendente. [...] Diferentemente das associações teatrais operárias, são grupos exclusivamente políticos formados por um mínimo de 80% de companheiros do partido. Dependem também diretamente do partido, ou seja, de cada circunscrição. Atualmente o agit-prop central tenta reuni-los em escala nacional, o que, devido à crescente importância de seu trabalho, tornou-se absolutamente necessário.[67]

Nestas linhas se esclarece também claramente a relação do Partido Comunista com os grupos de agit-prop que, mesmo pertencendo à ATBD, organização que se mantém sempre autônoma da KPD (prova disto são os tantos grupos politicamente independentes que participam da Liga), e ocupando no seu interior uma posição de vanguarda, permaneciam diretamente ligados ao Comitê Central Agit-prop. De fato, a KJVD organizava anualmente, desde 1928, um congresso das próprias *Agitproptruppen*, cujos resultados influenciavam em grande medida no comportamento da direção da ATBD, até que, em 1931, percebeu-se a necessidade de unificar os congressos KJVD e ATBD, alcançando a plena unidade de intenções.

Em 1929 começaram a se manifestar os primeiros sinais evidentes da iminente crise econômica que se abateu desastrosamente sobre a Alemanha nos anos seguintes, atingindo com maior veemência as classes operária e camponesa, fazendo com que o nível geral de desemprego (total ou parcial) chegasse a 67% em 1932. A política social-democrata do "mal menor" favorecia a propaganda nazista, que oferecia panaceias para todos os males da nação. O Partido Nacional-Socialista usava

---

[67] *Bericht des ZK der KPD vor dem XII Parteitag vom 9/16-6-1929*, parte VI: *Die kulturpolitische Arbeit der KPD*, p. 272, citado em *Deutsches Arbeitertheater*, p. 42.

amplamente todos os meios propagandísticos à disposição em sua campanha, privilegiando, para a criação do seu mito nacionalista, os canais de massa[68], mas sem deixar de combater o comunismo em seu próprio terreno e com os seus próprios meios. Tem-se notícia, de fato, de um movimento nazista de tipo agit-prop, que se servia dos mesmos métodos, utilizando inclusive os mesmos textos adaptados aos próprios fins[69].

O teatro de agit-prop, pressionado por tantas solicitações, decidiu mobilizar todos os recursos para enfrentar a nova situação.

Como visto, o interlocutor habitual das companhias havia sido, até então, um setor bem definido e limitado do proletariado, constituído pelos pertencentes às organizações do Partido Comunista e aos movimentos operários mais ou menos diretamente ligados à KPD e pelos simpatizantes das ideias de esquerda. Agora que os inimigos de classe lançavam um ataque de massa, pareceu indispensável ampliar também a própria propaganda à toda classe trabalhadora, seja qual fosse a sua ideia política. O melhor modo para atingir esse grupo era aproximar-se do seu local de trabalho (ou de espera de um trabalho): as fábricas, as áreas rurais, as agências de emprego.

Foi o grupo O Megafone Vermelho, líder das companhias da KJVD, a lançar, no retorno de uma turnê na União Soviética feita a convite da União Internacional da Juventude Comunista, a primeira campanha de conquista das fábricas, desafiando os agitpropistas da circunscrição de Berlim a uma "competição vermelha". (Esta iniciativa não ignorava certamente a recente experiência tida junto ao teatro revolucionário soviético, e em particular ao Movimento Teatral da Juventude Operária [TRAM], que, entretanto, atuava, não podemos esquecer, numa perspectiva político-social bem diversa.) Com o lema "Conquistem as fábricas!", iniciou-se em 1929 uma competição com duração de três meses, durante a qual os grupos berlinenses se empenharam profundamente e à qual se uniu, sob proposta do grupo Roter Wedding (Wedding Vermelho), uma campanha

---

68 Sobre os meios da conquista do apoio popular do Partido Nacional-Socialista ver G.L. Mosse, op. cit.
69 G. Buonfino traz o texto original de uma canção agit-prop e o alterado, ver Agitprop e "controcultura" operaia, op. cit., p. 124-125. Para aprofundamento da atividade propagandística teatral do Partido Nacional-Socialista, ver o excurso de F.W. Knellssen, op. cit., p. 247-249.

de propaganda "para o próprio quintal" voltada a atingir as pessoas pertencentes à classe proletária e à pequena burguesia, também afetada gravemente pela crise, como as donas de casa, os idosos e os pequenos comerciantes que ficariam fora das ações nas fábricas.

Em abril de 1930, os congressos da ATBD e das *Agitproptruppen* da KJVD, iniciados simultaneamente, apoiaram essas iniciativas e estabeleceram as bases teóricas e organizativas para uma nova orientação política e teatral dos grupos.

O congresso da KJVD, que durou somente um dia, ratificou a ideia das "competições vermelhas", inserindo-as como elemento importante no "pacto revolucionário" delineado no fechamento e aconselhando que, na campanha nas fábricas, cada companhia escolhesse uma empresa na qual exercer a ação de guia à mobilização para a luta de classe. No geral, foi decidida uma "virada nos rumos do trabalho de massa", que precisava encontrar um correspondente direto nas técnicas teatrais dos grupos. A sátira, de fato, foi julgada insuficiente para os fins políticos de então, pois às massas cada vez maiores de desempregados não adiantava oferecer o escárnio dos governantes e das instituições; era preciso fornecer respostas claras para os seus problemas, mostrar uma solução alternativa e convencê-los de sua possibilidade de realização. Tornava-se então indispensável acentuar a função didática das peças propostas e, para fazê-lo, parecia necessária uma preparação política e teatral mais completa.

Uma nova característica do XI Congresso da ATBD foi a sua internacionalidade. No ano anterior, a Liga havia efetivamente aderido à IATB[70], da qual faziam parte quinze países naquele momento, e era então capaz de apresentar, na nova exposição montada, materiais provenientes da União Soviética, do Japão e da Tchecoslováquia (países onde era mais vivo o movimento teatral operário), que enviaram também observadores aos trabalhos do congresso. Os três dias de duração da convenção permitiram aos representantes da KJVD trazer suas próprias

---

70 A ATBD tivera papel importante na fundação da IATB, que aconteceu em Moscou, onde a Liga teve depois uma sede em 1929. A IATB tornou-se mais tarde a IRTB – Internationaler Revolutionärer Theater-Bund (Liga Internacional do Teatro Revolucionário) incluindo também os teatros profissionais, para salientar o ideal comum de luta.

considerações, que receberam apoio imediato. Não obstante a acesa polêmica com o grupo social-democrata "de direita" que lançara seu ataque decisivo, mas que, em absoluta minoria, se separara da Liga, a palavra de ordem resultante dos trabalhos foi "Dentro nas fábricas! Fora nas zonas rurais!". A práxis das competições revolucionárias, julgada válida, foi encorajada em todo o território nacional (e se tornou, com efeito, uma constante nos anos seguintes). A linha diretiva de Arthur Pieck, que por dois anos havia levado adiante uma ação de qualificação técnica e política dos grupos operários sem se preocupar muito com a expansão quantitativa, foi aprovada com maioria esmagadora e ficou acordado prosseguir com este comportamento, vantajoso também para a solução de novos e atualíssimos problemas. A necessidade que a Liga reafirmava de dirigir-se também a um público pequeno burguês (milhares eram os empregados, os pequenos comerciantes e também os profissionais liberais reduzidos à miséria e, provavelmente, então, terreno fértil para a propaganda) e de sustentar com eficácia a concorrência contra o teatro propagandístico dos opositores acentuava a exigência de um melhor nível artístico e ideológico das representações. Com este objetivo, a ATBD organizou cursos de qualificação para os próprios membros, onde o mesmo espaço era cedido às exercitações artísticas e ao aprofundamento da cultura política.

Igualmente necessário era elaborar novas formas para as "peças" teatrais, que deveriam assumir as características essencialmente didático-demonstrativas que se acreditava serem adequadas ao novo público ampliado (e pouco conhecido).

O órgão da ATBD, que a partir de 1929 transformou-se em *Arbeiterbühne und Film* (Cena e Filme Operário), após a formação de alguns grupos engajados em uma atividade de "contracinematografia" proletária, empenhou-se para fornecer aos grupos o suporte teórico indispensável à reviravolta em curso, acompanhado com grande eficácia pelo Megafone Vermelho, que selecionava os experimentos mais interessantes, comentando-os e criticando-os para favorecer a orientação exata aos grupos, sobretudo política. (Não podemos esquecer que *Cena e Filme Operário* era porta-voz do círculo de intelectuais que dirigiam a ATBD, enquanto *O Megafone Vermelho* difundia a práxis das *Agitproptruppen* da KJVD.)

A campanha nas fábricas não teve o mesmo efeito em todos os lugares, mas muitos grupos de agit-prop, trabalhando em estreita ligação com a Oposição Sindical Revolucionária (RGO, Revolutionäre Gewerkschafts-Opposition), conseguiram estabelecer relações estáveis com algumas indústrias, que acabaram, por vezes, formando elas mesmas companhias de agit-prop próprias. Neste esforço de adequação do próprio trabalho às exigências dos novos espectadores, foi de grande ajuda a intervenção crítica do próprio público operário, que era solicitado a exprimir claramente as próprias objeções e sugestões.

Numerosos foram também os grupos que se dedicaram à propaganda nas zonas rurais, porém não existem dados precisos sobre a influência por eles exercida. A prática normal ditava que, se possível, algum representante do grupo fosse alguns dias antes ao lugar onde aconteceria a representação para colher os problemas locais e inseri-los depois nos roteiros já preparados; assim, tentava-se reconstruir de alguma forma uma relação mais próxima entre espetáculo e público.

A forma teatral que melhor se desenvolveu nessas conjunturas foi o *Kolektivreferat* (relatório coletivo), uma detalhada e exemplificada exposição sobre um argumento político escolhido pela sua importância na situação atual, segundo modos expressivos que derivavam diretamente do "coro falado" e que conseguiam uma notável eficácia demonstrativa. Também neste caso foi o grupo Megafone Vermelho a alcançar o melhor nível dramatúrgico com alguns espetáculos de longa duração, em que se inseriam "relatórios" pontuais, frequentemente sustentados por projeções cinematográficas documentárias[71]. De todo modo, a preparação de espetáculos de tão grande empenho requeria dispêndio de tempo e de energia por parte de todo o coletivo que, devendo aplicar-se ao estudo dos argumentos a tratar e à elaboração "científica" de uma complexa forma representativa, acabava por reduzir o número de espetáculos. Foram assim se configurando, dentro dos grupos mais organizados, seções especializadas que

---

71 Dos espetáculos do Megafone Vermelho, *III Internazionale* (1929) e *Für die Sowietmacht!* (1930), encontramos textos e crônicas em *Deutsches Arbeitertheater*, p. 362-369 e 471-520 e comentário crítico em F.W. Knellessen, op. cit., p. 279-284 e em K. Kändler, op. cit., p. 232-235.

se ocupavam da fase de projetação e redação dos trabalhos, enquanto todos os outros prosseguiam suas atividades normais. A contribuição de escritores profissionais se tornava, dessa maneira, determinante para a qualificação artística dos espetáculos agit-prop, tida já como indispensável. Se o coletivo dos atores operários havia conseguido montar com relativo sucesso as breves cenas do *Kabarett* Vermelho, carecia da força literária indispensável para sustentar uma longa composição dramatúrgica, sobretudo quando a tendência ao aprofundamento de particulares temáticas sociais e políticas endereçou o agit-prop para a forma do "drama proletário".

Já desde 1928 era solicitada a colaboração da BPRS[72] com a finalidade de compensar a falta de textos que pudessem ser usados pelo teatro revolucionário operário, mas os escritores proletários não se interessaram a fundo pelo problema, exceto notáveis exceções, inclusive por conta da rápida adequação da Liga dos Escritores às posições da análoga associação soviética (RAPP), contrária, ou pelo menos indiferente, aos esforços do teatro não profissional operário.

O novo compromisso dramatúrgico assumido pelo agit-prop realizava agora uma parceria entre atores-operários e escritores revolucionários bem mais próxima que a almejada inicialmente.

Exemplo desta nova união intelectuais-agit-prop foi a Spieltruppe Südwest (Grupo Teatral Sudoeste), constituída em Stuttgart em 1932 sob a direção de Friedrich Wolf, que era também o dramaturgo do grupo[73]. No último dos três únicos trabalhos que o grupo apresentou, Wolf alcançou, segundo muitos contemporâneos e a crítica literária dos países comunistas[74] posterior, a forma mais significativa do teatro político revolucionário, o "drama (didático) proletário", cujo intento

---

[72] O BPRS foi fundado em 1928 como organização literária e política que se propunha a fundar uma literatura e uma estética marxista. Sobre o BPRS e suas relações com ATDB, ver Helga Gallas, *Teorie marxiste della letteratura*, Bari: Laterza, 1974

[73] Sobre F. Wolf e a Spieltruppe Südwest, ver F.W. Knellessen, op. cit., p. 288-292 e K. Kändler, op. cit., p. 243-253.

[74] Os dramas de Wolf ficaram muito conhecidos e foram bastante representados, por exemplo, na Alemanha Oriental, onde Wolf foi considerado superior até mesmo a Brecht devido ao seu inflexível empenho ideológico.

era mostrar, através da parábola de um único indivíduo, o problema geral de uma coletividade, utilizando tecnicamente muitos módulos comunicativos desenvolvidos pelo teatro de agit-prop.

"Começa uma nova era", escrevia Wolf, "o gigantesco exército dos proletários alemães se une guiado pela bolchevique KPD em uma concreta ação política. Também a dramaturgia alemã recebe uma nova função."[75] Enquanto o coletivo operário recebia do intelectual a desejada qualificação artística, transferia por sua vez ao "artista" a carga ética de sua práxis revolucionária.

Em seus contatos dos últimos tempos com a *intelligentsia* teatral, o agit-prop configura-se como "tanque de reserva do teatro profissional"[76], seja no que diz respeito a seus atores (que Brecht por exemplo já tinha utilizado[77]), seja devido a suas formas simples e eficazes. Temos confirmação do próprio Brecht, em uma análise de sua peça *Mãe*:

Este tipo de dramaturgia não aristotélica, que responde aos princípios representativos de um teatro de novo gênero, o teatro épico, utiliza por um lado a técnica do mais evoluído teatro burguês e por outro aquela dos pequenos grupos teatrais proletários que, depois da revolução, elaboraram na Alemanha, para seus fins proletários, um estilo característico e original.[78]

Friedrich Wolf acredita, em 1933, que o próximo passo adiante dos grupos agit-prop seria a passagem ao profissionalismo, a qual, tanto os grupos soviéticos do TRAM de Moscou e Leningrado como o alemão Coluna de Esquerda haviam feito recentemente[79].

Verifica-se, por sua vez, naqueles anos, o fenômeno inverso de atores profissionais, cuja crise havia acabado com qualquer esperança de trabalho, que se reuniam, formando coletivos teatrais revolucionários de tipo agit-prop. O exemplo mais admirável é dado pela Truppe 1931, guiada pelo dramaturgo Gustav von

---

75 Das zeitgenossische Theater in Deutschland, *Aufsätze 1919-1944, Gesammelte Werke*, v. XV, Berlin/Weimar: Aufbau, 1967, p. 347-348.
76 F. Wolf, Schöpferische Probleme des Agitproptheaters, *Aufsätze 1919-1944*, p. 297.
77 Cf. B. Brecht, Das Leiantheater der Werktätigen, *Schriften zum Theater*, v. IV, Berlin und Weimar: Aufbau, 1964, em *Deutsches Arbeitertheater*, 2. ed., v. II, p. 431.
78 B. Brecht, Anmerkungen zur "Mutter", *Stücke*, v. V, Berlin, 1975.
79 Cf. F. Wolf, Schöpferische Probleme des Agitproptheaters, op. cit., p. 297.

Wangenheim (lembramos dele como autor de *Coro do Trabalho*), que foi, com Wolf, o iniciador do "drama proletário"[80].

Embora algumas das companhias de agit-prop, dispondo de profissionais ou de elementos de relevância artística, de maior espírito de iniciativa e de melhor capacidade organizativa, tenham conseguido se adequar ao novo curso oficial do movimento, para muitos a mudança de rota, aceita em sua substância de abertura em direção às massas, não encontrou correspondência em uma mudança formal, e o gênero da revista, mesmo tornando-se mais problemático e demonstrativo, sobreviveu ao lado de novos gêneros do teatro operário.

Condições contextuais quase proibitivas contribuíram para dificultar ainda mais a renovação do teatro de agit-prop. Já nos últimos meses de 1929, os grupos sofriam frequentemente a hostilidade da polícia, manipulada pelas forças de direita da social-democracia e pelos fascistas que, postos em estado de alerta pela crescente difusão do agit-prop comunista, desencadearam gradualmente uma campanha repressiva em relação a eles. Vários tipos de proibições voltadas a impedir as representações comunistas se fizeram cada vez mais frequentes, enquanto aumentavam as acusações por desacato, até que, em março de 1931, o presidente Von Hindenburg emitiu uma "Ordem de Urgência Para a Luta Contra os Tumultos Políticos", com a qual foram expressamente vetadas todas as manifestações "que incitassem à insubordinação, que ultrajassem ou desacatassem os funcionários dos órgãos, as autoridades de Estado e as ordens religiosas ou que, de qualquer modo, pusessem em perigo a segurança e a ordem pública"[81]. A esta foi logo adicionada uma nota que vetava explicitamente as representações agit-prop. Para prosseguir com a própria atividade em tais circunstâncias, os grupos operários se viram forçados a inventar todos os tipos de saída legal e de meios práticos para escapar das malhas da polícia.

Algumas companhias puderam respirar, dissolvendo-se e unindo-se novamente com outro nome (foi esta uma das

---

80 Notas e análises críticas dos textos e das representações da Truppe 1931 podem ser encontrados em F.W. Knellessen, op. cit., p. 237-243, que examina em particular o drama de Wangenheim, *Armadilha para Ratos*.
81 *Die Rote Fahne*, 29 abr.1931. Citado em *Deutsches Arbeitstheater, 1918-1933*, p. 537.

razões que levaram a Coluna de Esquerda ao profissionalismo); porém, naqueles dias, a melhor aliada dos atores-operários no plano prático foi a improvisação, desenvolvida já há um tempo na época das tantas noites de *Kabarett* Vermelho e que já era uma técnica habitual de trabalho. Com ela, era possível colher qualquer ocasião propícia para uma intervenção de agitação ou de propaganda política, adequando-se ao ambiente e ao auditório de que se dispunha no momento. Os lugares mais cheios e movimentados e, portanto, propícios a rápidos desaparecimentos no caso de uma intervenção da polícia, tornaram-se então teatro de "ações" repentinas e imprevisíveis dos agitpropistas.

Significativo este exemplo referido por Béla Balázs: dois jovens com aspecto de desempregados chegam em frente a uma vitrine de Delikatessen; um dos dois desmaia e o outro o socorre. Subitamente, reúne-se uma massa confusa de pessoas, dentre as quais outros desempregados, e entre os presentes inicia-se uma discussão vivaz sobre o tema do dia: a fome. Em dois ou três minutos se ouve o assovio da polícia que leva para a delegacia cidadãos desavisados, acusando-os de fazer parte de um grupo agit-prop; os dois jovens desempregados, neste meio–tempo, desapareceram. A mesma cena se repete várias vezes no mesmo dia diante dos mais fornidos estabelecimentos alimentícios de Berlim[82].

Ou estes exemplos referidos por Giancarlo Buonfino:

no bonde que conduzia os operários ao trabalho, um agitpropista começava a gritar, dizendo que tinha encontrado um contracheque. Depois de ter chamado a atenção assim, elencava as deduções, o valor, as multas, os extraordinários etc. e, então, unia-se aos outros componentes do grupo que estavam no bonde e iniciava a cena de agit-prop propriamente dita. Durante a interdição dos jornais deles [poucos meses depois do édito da polícia], os agitpropistas tentaram substituí--los deste modo: se apresentavam amordaçados em um local público, atuavam mimicamente alguns diálogos e, no final, tiravam as mordaças e liam os artigos que os jornais deveriam ter publicado[83].

Durante o último período de vida do teatro operário revolucionário, destacam-se, portanto, duas tendências diversas em

---

82 Cf. B. Balázs, Theater auf der Strasse, em Herbert Jhering (Hrsg.), *Theater der Welt. Ein Almanach*, Berlin: Henschelverlag, 1949.
83 Agitprop e "controcultura" operaia, op. cit., p. 114-115.

seu interior, as quais refletiam duas escolhas opostas de caráter comunicativo. De um lado, uma reaproximação a fórmulas mais institucionalmente teatrais, sempre menos distinguíveis, por exemplo, do teatro político de vanguarda de Piscator e de Brecht, que se exprime na colaboração direta ou mediada dos profissionais do espetáculo, na prioridade do momento dramatúrgico, nas crescentes exigências artísticas da interpretação; do outro lado, o momento comunicativo levado ao extremo em fórmulas "sensacionalistas" de tipo publicitário, totalmente estranhas ao âmbito da tradição teatral, que se realiza nas intervenções improvisadas em meio à multidão, nas soluções para chamar a atenção, nas discussões persuasivas "cara a cara" com as pessoas. A origem comum das duas tendências é a busca de uma apreciação mais ampla e mais diferenciada do teatro de agit-prop.

O XII e último Congresso da ATBD, que já era um órgão unificado do teatro revolucionário operário, em março de 1932, procedeu normalmente mesmo em meio a visíveis dificuldades econômicas. Devido ao grande desenvolvimento que o KPD propiciara à seção agit-prop nos últimos dois anos, a Liga reunia agora quinhentos grupos operários, que exigiam um forte empenho organizativo, também com a finalidade de assegurar, com uma sólida organização coletiva, uma defesa mais válida aos ataques do nazismo que já batia à porta. Uma única direção central, como a adotada até então, poderia constituir um alvo fácil para a represália fascista; assim, decidiu-se subdividir a Liga por províncias, configurando hierarquias precisas de dependência de tipo piramidal. Discutiu-se também sobre um modelo ideal de organização interna para cada grupo, responsabilizando os membros por áreas de competência[84].

O notabilíssimo aumento dos aderentes à Liga havia evidentemente enfraquecido a qualificação geral política e técnica, levando o XII Congresso a expressar novamente, e com caráter de urgência, a necessidade de um esforço coletivo conduzido com o máximo empenho, visando a um aprofundamento teórico das problemáticas políticas e teatrais, algo fundamental naquele momento, pois se estava diante de uma condição

---

84 Cf. Mitteilungen der Bundesleitung des ATBD, jan.1932, em *Deutsches Arbeitertheater*, p. 602-607.

que exigia a elaboração de formas novas, adequadas ao atual contexto de clandestinidade.

Como forma de luta mais frutífera para os tempos dramáticos que se estava vivendo, foi indicada (retomando a posição da KPD) a propaganda das greves de massa, única arma aparente contra a fome rampante no país.

Um apelo oficial foi também lançado pela ATBD a todos os grupos teatrais antifascistas, operários ou não, para que se unissem a ela na luta contra o inimigo comum, não importando qual tendência política e cultural estes tivessem. Uns dos primeiros a responder ao apelo foram os grupos profissionais dos atores revolucionários. A ATBD foi assim se definindo, nos últimos tempos, como associação nacional de todo o teatro revolucionário antifascista.

Com a tomada do poder por Hitler, foi minada qualquer possibilidade de sobrevivência da ATBD, assim como de qualquer outro movimento operário de esquerda. Dirigentes e membros do teatro de agit-prop foram investigados e perseguidos; muitos deles emigraram, salvando na fuga os materiais mais tarde recuperados pela República Democrática Alemã (DDR). Muitos preferiram permanecer dedicando-se à luta política clandestina, tantos outros foram aprisionados e alguns deles mortos.

Há uma profunda e concreta necessidade do teatro na problemática teatral que os grupos de agit-prop propuseram: nos problemas de relação com o público, como justificativa do fazer teatral (é o que sonham os teóricos do teatro de direção, sobretudo os que têm uma posição política diversa), nos problemas do homem que "atua" (o problema ético que explode com o teatro de direção) e nos problemas do artista. Já indicamos como o teatro de agit-prop, de modo tendencial e consciente em seu desenvolvimento contraditório, buscava a solução qualificando e experimentando o teatro em primeiro lugar como comunicação e depois como arte (e esta talvez seja a razão real que o levou a ser removido do tecido teatral da historiografia).

Como todo o teatro operário precedente, os grupos de agit-prop tiveram origem no interior das associações de trabalhadores que queriam desenvolver seus trabalhos de propaganda através do teatro. Logo, o momento projetual previa uma grande homogeneidade entre espetáculo e público, uma "relação orgânica". Inge von Wangenheim punha o problema em termos clássicos:

Inclusive aquela unidade clássica entre representação e efeito, entre mensagem e compreensão, que reinou por um breve período no antigo teatro grego, pois existia a necessária unidade social – fundamento elementar e criativo do teatro e da sua missão moral – via-se restabelecida com clareza pela primeira vez aqui, no teatro do grupo de agit-prop. A unidade entre personagem e pessoa no ator-operário, a unidade entre existência proletária e espectador no auditório de operários, leva à união mais forte, a uma base comum social e ideológica, o ponto de partida social comum para ator e espectador[85].

Enquanto a análise de Béla Balázs se revela bem mais substancial:

Porque a história do teatro é a história do público. Da essência do público deriva também a consciência da forma do teatro. Por essa razão, hoje na Europa o teatro operário é o único que tem um público homogêneo. Aqui não existem efeitos casuais. O único efeito possível já tem e exige uma causa precisa. Inesperadamente acontecem novos efeitos importantes, pois é necessária a mínima alusão. Esse público é muito informado. Nascem novas abreviações. São coisas já corriqueiras, comuns. Aparecem novos símbolos. Esse público já tem prática. Assim se utiliza das circunstâncias e cria uma nova arte[86].

O coletivo agit-prop, em seu valor ético-político, refletia o mais vasto coletivo do público, do qual não era senão um subconjunto. Nessa perspectiva comunitária, a ação de agitação e propaganda atingia altíssimos níveis de eficácia, qualificando-se como ação "política" por excelência. A relação orgânica devia, portanto, "necessariamente" motivar as formas comunicativas a serem adotadas. O instrumento alusivo da sátira, por exemplo, consentia um imediato reconhecimento bilateral da relação, enquanto reunia atores e espectadores na crítica da sociedade burguesa: estavam *do mesmo lado da trincheira*.

---

85 Der Beitrag der revolutionären Arbeiter-Laienspielbewegung für die Erneuerung unserer theatralischen Kunst, *Mein Haus Vaterland, Erinnerung einer jungen Frau*, Berlin: Tribüne, 1959, presente em *Deutsches Arbeitertheater*, 2. ed., v. II, p. 458.

86 Arbeitertheater, *Die Weltbühne, Wochenschrift für Politik, Kunst und Wirtschaft*, 1930, n. 1, presente em *Deutsches Arbeitertheater*, p. 426.

O meio teatral se fazia, desse modo, essencialmente comunicativo, tendendo a desfazer com esta escolha qualquer ligação com a instituição Teatro, da qual repelia projetualmente tanto o princípio de delegar à arte, quanto a instrumentalização comercial, usando indiferentemente, entretanto, os seus instrumentos técnicos. Era cavado, assim, no interior da sociedade burguesa, um espaço onde se vivia – utopicamente – o grande projeto socioteatral (Rousseau, Wagner, Appia, Fuchs)[87], fundado no substancial caráter unitário do processo comunicativo (enquanto o trajeto comunicativo destinador-destinatário se fechava circularmente em si mesmo e a mensagem não era em sua essência nada mais que a revelação – redundante – desta própria circularidade).

No momento em que o teatro de agit-prop foi impelido a sair do círculo "diferenciado" da sua *Zielgruppe* para encarar uma apreciação "indiferenciada" de massa, a "relação orgânica", com as normas comunicativas dela provenientes, acaba sendo arbitrariamente dilatada e, então, invalidada. O projeto do teatro não se moldava mais a uma coletividade homogênea: a escolha das formas de comunicação teatral era forçada a se adaptar a moldes oficializados e passava de "necessária" a casual. É o problema da relação entre o teatro de agit-prop e o teatro. Friedrich Wolf consagra esta problemática escrevendo:

Não há dúvida alguma de que [...] o desenvolvimento que vai das cenas breves ao drama operário, de um teatro espontâneo que vem se qualificando como teatro profissional, seja contínuo e fluido. O teatro profissional extrairá continuamente força jovem da fonte vital do teatro espontâneo de agit-prop, o teatro de agit-prop em desenvolvimento se transformará no teatro profissional dos trabalhadores. Hoje estamos no início deste desenvolvimento.[88]

É essa a versão oficial (e oficialmente transmitida[89]) da evolução do teatro de agit-prop que, ao seguir a via da qualificação

---

87 Não pretendemos traçar uma linha de desenvolvimento no interior das teorias do teatro, mas indicar, através de nomes exemplificativos, instâncias relativas ao problema público-espetáculo, largamente presentes na teoria e na prática do teatro pós-iluminista.
88 Schöpferische Probleme des Agitproptheaters, op. cit., p. 317.
89 Essa linha de desenvolvimento do teatro de agit-prop, que se evidencia claramente nos escritos teóricos dos intelectuais da direção da ATBD, é retomada e analisada nos três maiores estudos sobre o teatro operário (Hoffmann e

artística e da parceria com profissionais, na realidade regressava à instituição Teatro, embora conservando (e transmitindo a ela) as novas técnicas elaboradas.

Wolf oferece uma solução fácil "evolutiva" e "dialética" da oposição amadorismo-profissionalismo que estava na base da operação, certamente não "neutra", de retorno à instituição. Mas o fato de relacionar a experiência do teatro de agit-prop à instituição Teatro levava outros – em nome da arte – à total condenação da espontaneidade, em declarações como esta de W. Wandurski:

> Na realidade nenhum teatro pode prescindir da obra dramática. Toda representação teatral tem um conteúdo, e este conteúdo é o produto da dramaturgia (o manuscrito, a direção, a encenação e assim por diante). Existem bons e maus dramaturgos. Infelizmente já se tornou uma regra que o dramaturgo do teatro espontâneo (o autor do conteúdo da obra) seja quase sempre ruim. É "espontâneo" ao máximo, mas em sentido negativo: é simplesmente um amador.[90]

Isso não afetava de forma alguma a realidade ético-política expressa claramente por Béla Balázs:

> Quem é amador? Alguém que faz por vias secundárias e de modo inadequado alguma coisa que outros fazem melhor profissionalmente. Mas se alguém faz algo que ninguém mais pode fazer melhor, sobretudo porque nenhum outro o faz, pois o objeto só pode atingir sua expressão através dele, então ele não é um amador.[91]

E, ao extremo, chega-se à tendência menos reconhecida[92] que, abandonando até mesmo os módulos comunicativos mais recentes do agit-prop, lançava-se em uma forma de

---

Hoffmann-Ostwald; Knellessen; Kändler), que lhe dão respectivamente uma interpretação em chave política, historiográfica e dramatúrgica, mas permanecem em uma óptica "oficializada" (ainda que politicamente orientada).

90 Dem Dramatiker das selbsttätige Theater – dem selbsttätigen Theater den Dramatiker, *Das internationale Theater*, boletim 3 da *Internationale Arbeitertheater-Olympiade*, Moscou: 1933, presente em *Deutsches Arbeitertheater*, p. 652.

91 Arbeitertheater, op. cit., p. 429.

92 As ações "improvisadas" do teatro de agit-prop são quase ignoradas pelos estudos mencionados acima e citados, no máximo, como curiosidade. Asja Lacis, ao contrário, faz explícita menção entusiasta; como fará Béla Balázs em seu artigo de 1949 (Theater auf der Strasse); Buonfino resgata em seu artigo esse gênero de intervenção, previlegiando o significado "contracultural".

comunicação direta e provocatória, que das origens teatrais conservava somente o colocar-se e o expor-se do ator-operário no ato comunicativo.

Na realidade, a partir das duas posições extremas e aparentemente contraditórias da experimentação agit-prop podem ser focados os núcleos das duas ideias diferentes de teatro político que as governam: teatro político como teatro que fala de política a uma sociedade não homogênea, servindo-se dos canais dos quais ela dispõe (é a estrada de Wolf, mas também de Piscator e Brecht) e teatro político como reflexo da relação orgânica de espetáculo e público homogêneos, em que se privilegia mais a comunicação do que o teatro (e que existe, portanto, tanto como momento utópico comunitário, quanto como simples uso dos instrumentos expressivos teatrais para a luta política).

Houve, porém, na Alemanha, naqueles anos, um teatro que não tinha nem estreias sensacionais nem diretores líderes que travassem na cena brilhantes batalhas artísticas, nem consagrações de grandes críticos, nem grandes atores. Pelo contrário, não tinha nem mesmo atores, nem um palco de verdade! Era um teatro amador, se assim o queremos chamar, embora não fosse exatamente a interpretação o que os seus membros amavam mais, esses amadores e odiadores. [...] Um teatro de luta que exigia imenso espírito de sacrifício, que teve muitos heróis e mártires e uma história heroica que um dia as crianças alemãs estudarão nas escolas. Porque não era o estilo cênico que ele queria mudar, mas o mundo.[93]

Uma poética e uma práxis que hoje se condensa em um amontoado de perguntas; e que na época não era retórica, mas tensão ética e ideológica.

---

93 B. Balázs, Theater auf der Strasse, H. Jhering (Hrsg.), op. cit.

4. A Dança e o Agit-prop

imagens e reflexões
dos teatros não teatrais

DESPERTAR O ARTISTA QUE EXISTE EM NÓS

Surpreende-nos, às vezes, que o "artista" passeie como um homem comum, tenha sentimentos, necessidades, reações iguais às de um homem comum: comporte-se, em suma, como um homem comum. Na base dessa surpresa tranquilizadora há uma verdade tão verdadeira que é quase um clichê do pensamento. É que, por trás do "ser artista", há, como condição existencial, ser um *homem como os outros* homens. O nascimento da *Körperkultur* e da dança moderna provocou uma reviravolta, de maneira mais ou menos consciente, nesse clichê do pensamento, afirmando que por trás do "ser um homem como todos os outros homens" há a condição existencial do "ser artista". Não que a arte seja uma possibilidade facultativa do homem, mas, paradoxalmente, que o homem seja uma possibilidade obrigatória (uma necessidade) do artista.

Madeleine G. era uma senhora da média burguesia. Foi uma mistificadora? Ou seja, uma artista medíocre que fazia de suas apresentações algo excepcional, fazendo com que o contexto se tornasse excepcional? Ou foi na verdade uma mulher normal que havia encontrado o modo de fazer emergir a artista que estava por trás de seu ser "comum"? Tão inútil uma resposta absoluta (e impossível pela distância temporal e cultural) quanto importantes a pergunta e a resposta "relativa" que foi dada e que pôde "revolucionar o pensamento". Madeleine G., no pensamento que tentou compreender o seu caso (buscando perguntas úteis), foi a "mulher comum" que se tornou capaz de despertar a artista que existia dentro de si, por trás de si. A excepcionalidade de sua situação transformou-se em normalidade, como sempre acontece quando intervém o pensamento. Tratou-se então de conceber e elaborar técnicas que tornassem normal aquilo que em Madeleine era fruto de uma exceção. O espaço e o tempo míticos, nos quais agiram outras bailarinas excepcionais como Sent M'ahesa, Wigman, Bara etc., tornou-se a condição básica dessas técnicas. Para realizar o futuro de um destino então tido como certo, tentou-se a projeção de si em uma alteridade que adquiriu os traços do período em que aquele destino havia sido uma realidade. Para encontrar o corpo-arte, tratou-se de reencontrá-lo. Túnicas gregas, corpos nus, contato com a natureza, higiene não cosmética e vida comunitária foram elementos de um retorno ao passado para um salto em direção ao futuro. Um *reculer pour mieux sauter* que, não por acaso, é um mandamento da dança. Que essa dança originária partisse da ginástica e que isso fosse, às vezes, reprovado, não surpreende, já que se tratava, não devemos esquecer, de despertar o artista adormecido. E também na vida cotidiana, o primeiro gesto do despertar é aquele de afastar as cobertas, de abrir as janelas para trocar o ar viciado, lavar o rosto e remover os restos do sono para não fazê-los coagular em uma máscara letárgica.

Foi invocado um despertar total e geral: os artistas específicos e singulares que daí emergiram foram o fruto desse despertar, mas foram, logicamente, também a sua traição; ou seja, segundo um *verdadeiro* lugar-comum, a sua tradução: aquela que, traindo, permite que uma tradição se difunda e se consolide.

A *Epifania da Expressão*

A bailarina em sonho, Madeleine G., durante uma performance hipnótica (1904). "E somente em sonho ou em um momento de excepcional inspiração pode-se ter no rosto expressões semelhantes, que repentinamente se esfumam, se descolorem, passam de uma à outra." (O.J. Bierbaum)

1. A *Vida da Virgem*:
"Vós ajudais a descer da cruz o corpo do Vosso filho…"

2-5. O Miserere *do Trovador*.

A Arte da Dança

Na vertente artístico-profissional do movimento expressivo, os diversos aspectos da nova dança refletem a individualidade das criadoras. "A dança expira a alma do artista, é a expressão mais imediata de tudo aquilo que pode haver de artístico sobre a terra." (W. Suhr)

6. Uma dança "assíria" de Sent M'ahesa.

7. A potente personalidade de Mary Wigman: *Canto do Destino*.

8. Charlotte Bara, a bailarina "santa", em *Santa Catarina de Siena*.

O Corpo Reencontrado

Com maior ou menor agilidade, estimulados pelo pandeiro do professor, os diletantes se aventuram ao ar livre no salto, símbolo do novo domínio físico. "Com a consciência de músculos eficientes, de um corpo dócil, do orgulho pelas dificuldades superadas, nos sentimos invadidos por segurança, por um alegre espírito empreendedor e uma coragem enorme." (F.H. Winther)

9-11. Alunos de diversas salas da escola labaniana para o movimento de Herta Feisst em Berlin (1925-1926).

A Mulher do Futuro

A nova imagem da mulher da *Körperkultur* funde o mito da força com o da graça. "A luta pela beleza deve ser compreendida pela mulher como algo de importância do ponto de vista humano, como um empenho rigoroso, um *dever para com a raça*." (B. Mensendieck)

12. Exercício dinâmico na Escola da Ginástica Saudável e Artística de Dora Menzler, em Dresden.

13. Escola para a Educação do Corpo e do Movimento de Anna Hermann, em Charlottenburg.

14. Seminário sobre a ginástica Mensendieck e a respiração na Escola Hagemann, de Hamburgo.

A ARTE DO CORPO ENTRE LIBERDADE E DISCIPLINA

Pôr em confronto visível a escola de Émile Jaques-Dalcroze com a de Rudolf Laban pode estimular reflexões diversas. A reação mais imediata nos leva a identificar e registrar com facilidade as muitas e evidentes diferenças: diferenças técnicas que parecem espelhar com precisão as diversas situações ambientais.

De um lado, Hellerau, lugar dos "reformadores integrados", povoado por adolescentes de boa família desejosos de experimentar o novo, de alongar as correntes no mundo normal, sem, porém, quebrá-las, de preparar-se para a compreensão das artes; espaço regrado de formação, financiado por um mecenas iluminado e gerenciado por especialistas. De outro, o Monte Verità, local apartado dos "diversos transgressores": naturistas voltados a subverter os valores e costumes da vida, jovens artistas prontos para reinventar a arte; espaço "desregrado" de autoformação, autogerenciado e autofinanciado. E assim, quase necessariamente, o método Dalcroze nos parece o reino incontestável de uma didática escrupulosa e disciplinada, organizada em uma sucessão de etapas obrigatórias para o aprendizado, destinada a moldar uma harmonia rítmica do corpo e do espírito sem alternativas, marcada, como é, por figurações compostas de gosto clássico, por simetrias e iterações, segundo o princípio de uma uniformidade ordenada e de uma serenidade tranquilizadora. Enquanto, contraposto a ele, o treinamento de Laban nos revela o seu caráter de *tâtonnement* experimental da criatividade, a sua pesquisa formal, aparentemente de difícil ou de estranha coordenação, reino inquieto de tensões rebeldes, de desarmonias e contrastes que exasperam a individualidade exaltando a improvisação, as diferenças e a dramaticidade.

Em poucas palavras, a impressão global do primeiro olhar poderia traduzir-se em uma dicotomia aparentemente irremediável e paralisante do pensamento: Hellerau/Dalcroze é igual a disciplina, Monte Verità/Laban é igual a liberdade. Aparentemente. Porque, se pararmos para refletir também sobre as semelhanças, o pensamento recebe novos estímulos.

Hellerau e Monte Verità foram, ambos, comunidades pedagógicas, locais mais de formação do que de instrução, espaços de pesquisa de uma ciência do homem que permitisse uma relação antropologicamente cultural entre vida e arte. Nesse sentido, liberdade (ou melhor, liberação) e disciplina constituem, para ambas as situações, os polos dialéticos entre os quais se atua o "despertar do artista que existe em nós". Assim, a disciplina quase grotesca das primeiras imagens de Dalcroze pode ser lida como uma estratégia para encontrar, no caos desarmônico e desregrado da obtusa relação cotidiana do homem consigo mesmo e com o mundo, o caminho estreito para a liberação no interior de uma norma universal de harmonia (que as imagens do *Orfeu* parecem refletir). E assim, a liberdade desenfreada que as primeiras imagens de Laban transmitem é a estratégia para sair do aprisionamento das normas injustas e paralisantes da cotidianidade e encontrar a severa, porém harmônica, disciplina individual que instaura a relação livre, mas consciente, entre si e o mundo (e o icosaedro que aprisiona em cenários de bosques a energia dinâmica do bailarino é a sua imagem emblemática).

Desse ponto de vista, a "coralidade", elemento de primária importância para ambos os mestres, é alcançada por vias diversas e com esforços diversos. Se, efetivamente, em Dalcroze é a realização coletiva lógica e natural da norma harmônica comum, em Laban é a relação coletiva perseguida e sofrida de normas harmônicas individuais, porém unidas nas raízes. Disso provém a sensação de maior construção e tortuosidade dos "coros" de Laban, nos quais se percebe a necessidade de marcações formais para direcionar a energia e a expressão individual.

O Império do Ritmo: Émile Jaques-Dalcroze

A disciplina da música (Figuras 15-18). O método Jaques-Dalcroze segue um percurso programado e gradual em que a música dirige a "plástica animada": dos primeiros solfejos puramente rítmicos dos braços até aqueles com coloração expressiva; das expressões de emoção no tempo e no espaço à pantomima musical.

15. Exercício de movimento dos braços em cânone, em tempo de 5/4 sem expressão.

16. Exercício de movimento dos braços em cânone, em tempo de 5/4 com expressão.

Fig. a   Fig. b   Fig. c

17-18. O modelar-se do movimento ao tempo musical dá lugar a uma inevitável estilização e nivela as diferenças individuais a um padrão de idealizada uniformidade dinâmica. A minuciosa descrição dos movimentos a serem feitos (por *Rhythmische Gymnastik,* 1906) conduz então à declinação de uma retórica da expressão não muito diversa daquela adotada nos manuais de poses cênicas do século xix. A "plástica animada" parece explicar-se na passagem rítmica entre uma pose e outra.

CURIOSIDADE (Ouvir)

O professor conta de 1 a 12.

De 1 a 4: Movimentos simultâneos (Fig. a)
- A perna direita dá um passo para frente transferindo o peso do corpo;
- o dorso da mão direita se apoia ao quadril;
- o braço esquerdo é levado diante do peito, a mão na altura do ombro, o indicador erguido;
- a cabeça se inclina para a direita, o olhar se dirige para a direita e para o alto.

De 5 a 8: Movimentos simultâneos (Fig. b)
- O tronco se inclina ligeiramente para a direita;
- a cabeça e o olhar se dirigem um pouco à esquerda;
- a mão direita pousa atrás da orelha como uma grande concha.

De 9 a 12: Movimentos simultâneos (Fig. c)
- O pé esquerdo dá um passo para frente transferindo o peso do corpo;
- a mão esquerda é levada à nuca.

Repetir do lado esquerdo

Fig. a   Fig. b   Fig. c   Fig. d

O professor conta de 1 a 16
Quem vejo?
De 1 a 4: Movimentos simultâneos (Fig. a)
- A perna esquerda dá um passo para trás transferindo o peso do corpo;
- o tronco se inclina para trás;
- as mãos formam uma viseira para os olhos, os olhos olham longe.

Que alegria! É uma pessoa amada
De 5 a 8: Movimentos simultâneos (Fig. b)
- Os braços se erguem em posição arredondada; peito arcado;
- a cabeça se levanta.

Vou ao seu encontro!
De 9 a 12: (Fig. c)
- Quatro passos para frente (inicia-se com o pé direito), os braços estendidos em frente, o olhar direcionado para frente.

Abraço alegre
De 13 a 16: (Fig. d)
- O aluno para; o pé direito na frente;
- os braços se cruzam no peito como em um abraço, o olhar direcionado para o alto.

Repetir começando com o pé direito

A harmonia rítmica (Figs. 19-22). A "dança" rítmica, um dos resultados maduros do método Dalcroze, graciosa e helenística, funda-se na uniformidade do movimento, na repetitividade, na simetria, e na especularidade.

19-20. Rítmica ao ar livre no instituto de Hellerau.

21a e b-22. Simetrias rítmicas.

A música viva (Figs. 23-25). As exibições públicas nos *Festspiele* de fim de ano em Hellerau, triunfo da rítmica e da plástica animada pela música.

23. Uma demonstração rítmica no espaço demarcado pelo dispositivo cênico de Appia.

24-25. Duas imagens do ensaio de *Orfeu*, de Gluck, encenado em junho de 1913.

O Mundo do Dançarino: *Rudolf von Laban*

A dança livre (Figs. 26-28). Na escola de Laban a dança nasce livremente do jogo dialético do corpo no espaço aberto; dissonâncias, desequilíbrios e tensões contrapostas caracterizam o movimento silencioso de cada um, enquanto o trabalho de grupo se concretiza em rodas e "escalas" de movimento.

26. Monte Verità, 1913-14. A dança irrefreável de Mary Wigman nas margens do Lago Maggiore.

27. Os alunos em uma roda, guiada pelo tambor de Laban; de frente, no centro, sua mulher Maja Lederer e atrás dela Mary Wigman e Suzanne Perrottet, já assistente de Dalcroze.

28. Corrente em movimento ao som da flauta de Laban; a primeira à direita é Mary Wigman.

O corpo e o seu espaço (Figs. 29-32). Ao lado da liberação, a aquisição da consciência científica das leis do movimento no espaço através do exercício cotidiano. A figura geométrica do icosaedro constitui para Laban o instrumento mais adequado para definir, mediante as suas 24 diagonais internas, as direções do movimento do corpo, consentindo-lhe uma escritura da dança.

29. O corpo livre do bailarino dentro da gaiola do icosaedro oferece a melhor síntese da espontaneidade e do rigor presentes na escola labaniana.

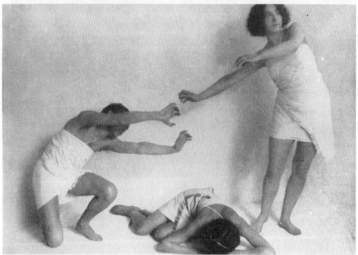

30-32. Exercícios para a primeira aquisição de uma consciência espacial: diferentes níveis do corpo (30), oposição de tensões (31), exploração do espaço (32).

Energia e expressão (Figs. 33-35). Do uso "dramático" da energia (*Anspannung-Abspannung*) – no interior do corpo, em relação ao espaço e entre as pessoas – nasce uma expressividade potente e anticonvencional. A luta é, por isso, frequentemente usada como instrumento de estudo tanto dinâmico quanto expressivo.

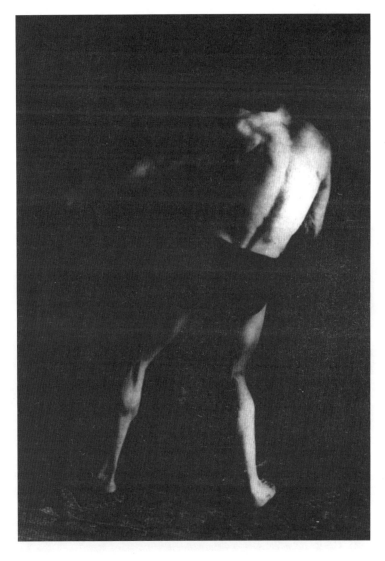

33. O tronco (segundo Laban, centro gerador do movimento) de um aluno, percorrido pelas tensões do esforço.

34. Em um contraste cara a cara, duas meninas da escola de Suzanne Perrottet avaliam as recíprocas posições.

35. No exercício com os alunos mais velhos encontramos ecos de movimentos hoje comuns nas artes marciais.

O templo vibrante (Figs. 36-38). O coro de movimento amplifica e exalta os elementos básicos da dinâmica labaniana – equilíbrios, sucessões, oposições – mostrando-os através dos efeitos quase estroboscópicos de dilatação de um "corpo coletivo".

36-37. O Hamburger Bewegungschor, fundado por Laban, em uma representação expansiva, mas concluída de grande expressividade.

38. Dois vetores opostos de energia dividem o coro labaniano de Jena, dirigido por Martin Gleissner.

UM TEATRO QUE QUERIA MUDAR O MUNDO

Há momentos na história e na vida, em que os "porquês" e as motivações tornam-se exigências primárias que os valores conhecidos não são capazes de satisfazer.

Houve um teatro, escreveu Balázs, que queria mudar o mundo. Um teatro, diz Brecht, que não se confronta com o passado, mas com as necessidades do novo. Homens de culturas diferentes e de esferas sociais também diversas canalizaram a sua revolta em um movimento que buscava o gesto, a expressão, o símbolo da vontade de se opor. Sentia-se a imanência de grandes mudanças e vivia-se a necessidade exaltante de "participar". Ainda antes das escolhas ideológicas e políticas, o teatro de agit-prop da República de Weimar foi uma situação existencial em que pareceu possível e significativo *afirmar* a revolta e a esperança, afirmar o direito de se expressar porque há algo a dizer antes mesmo de aprender gramáticas e retóricas.

Vendo de perto testemunhos e documentos do teatro de agit-prop sente-se o embaraço e o prazer que sentimos ao folhear um álbum de família de amigos: olhamos tudo com o prazer de encontrar nas velhas fotos o entusiasmo e a cumplicidade afetiva que há por trás e dentro daquilo, mas também com o incômodo distanciamento de quem não pode esquecer que aqueles momentos foram vividos por outros e em outros lugares, pois as fotos em si não são mais do que a memória deles. Por sua própria natureza não podem ser arte, mas a urgência, a participação e a batalha com a arte em primeira pessoa são experiências que nos dizem algo. O entusiasmo e a necessidade estão por trás das viagens difíceis das *Agitproptruppen*, por trás dos pátios e das praças movimentadas por bandeiras, megafones e tambores, por trás dos porões esfumaçados onde se faz sátira direta e compartilhada, por trás dos grandes espaços equipados para as celebrações-espetáculos e por trás dos palcos improvisados ao ar livre para as apresentações: por trás das casualidades e das banalidades da vida cotidiana que o fato de ter "participado" de uma verdadeira e sangrenta luta exalta.

Aquele "tender ao extremo", que Benjamin estabelece como base do conhecimento, se realiza aqui como experiência: também o homem comum, se vive a própria condição ao extremo, tem necessidades e capacidades artísticas. Para além dos difíceis percursos das linguagens artísticas, uma criatividade expressiva e necessária pode ser encontrada também em viver a fundo a própria vida e a própria relação com os outros e com a sociedade, em adquirir consciência disso e lutar. Usam-se e criam-se, assim também, formas de arte, e se vivem relações entre os homens: uma razão de ser não secundária do teatro, que, nos territórios da arte, trai e transmite as razões dos homens. O empenho contínuo e primordial, a batalha em curso, as necessidades às quais responder de tanto em tanto dão as razões imediatas do trabalho com o teatro, ditam as formas das paradas e motivações das viagens, determinam os campos onde se combate fazendo teatro e indicam as causas justas a serem defendidas: destas formas de intervenção nascerá também uma forma teatral através da qual se retornará aos territórios do Teatro. Mas com a lembrança do tempo em que a arte existia em todos os homens que quiseram rebelar-se.

As paradas (Figs.39-41). As imagens usadas por alguns grupos de agit-prop como cartão de visita refletem o espírito de luta que lhes animava.

39. Die Trommler, de Breslau.

40. Das Rote Sprachrohr, de Berlim, primeiro grupo de agit-prop.

41. A berlinense Kolonne Links, paladina da Internacional Arbeiter-Hilfe.

As campanhas (Figs. 42-44). A viagem, quase sempre desconfortável e com transportes improvisados, constituía um momento fundamental e quase épico do trabalho de agitação e propaganda teatral.

42. Os membros da Kolonne Links despedem-se brincando antes de partir.

43. Uma pausa para consultar os mapas – Grupo Rote Raketen, de Dresden.

44. Chegada da Kolonne Links a um vilarejo durante uma campanha eleitoral.

A DANÇA E O AGIT-PROP   193

Os campos de batalha (Figs. 45-47). Os grupos operários agem nos espaços sociais, onde o seu público vive, trabalha e se reúne.

45. Das Rote Sprachrohr pronto para atuar no palco erguido entre os participantes dos jogos operários de 1930. A imagem é um fotograma do filme de Bertolt Brecht, *Kuhle Wampe*.

46. Der Rote Wedding no pátio de um bairro operário de Berlim.

47. Die Roten Raketen em trabalho diante da fábrica Anton Reiche durante a pausa do almoço.

A ação (Figs. 48-52). O "estilo cênico" do agit-prop supera a pobreza de meios com a veemência do gesto e a força das alusões e das palavras de ordem.

48. Uma potente imagem coral da Kolonne Links.

49. Um momento de *Kabarett* Vermelho a favor da IAH, do grupo Der rote Blitz, de Neukölln.

50. *Wie stehen die Fronten?*, um *Koletivreferat* (relatório coletivo) de Friedrich Wolf representado diante de um telão-cenário sustentado pelos atores.

A DANÇA E O AGIT-PROP 197

51-52. Dois aspectos do último agit-prop (1931): uma ação muda de rua dos Rote Raketen, que convida à solidariedade contra as proibições da polícia, e o mais teatral coro de dança de agit-prop de Hans Veidt, em *Balada da Vida*.

Fontes das Imagens

1-5: foto Fréd Boissonnas, Paris (em E. Magnin, *L'Art et l'hipnose. Interprétation plastique d'oeuvres littéraires et musicales*, Géneve-Paris: Atar-Alcan, s.d.).
6: foto W. von Debschitz-Kunowski, München; 19, 20, 26-28: foto J.A. Meisenbach (em H. Brandenburg, *Der moderne Tanz*, München: Müller, 1917).
7: (em M. Wigman, *Die Sprache des Tanzes*, Stuttgart: Battenberg, 1963).
8: foto A.G. Bragaglia, Roma (em A. Levinson, *La danse d'aujourd'hui*, Paris: Duchartre e Van Buggenhoudt, 1929).
9-11, 13, 14: foto G. Riebicke; 12: foto Schlosser & Wenisch, Prag-Karlsbad; 35-38 (em R. von Laban, *Gymnastik und Tanz*, Oldenburg: Stalling, 1926).
15, 16, 24, 25, 30-32: (em F.H. Winther, *Körperbildung als Kunst und Pflicht*, München: Delphin, 1914).
17, 18: (em [E. Jaques-Dalcroze], *Rhythmische gymnastik*, Paris-Neuchatel--Leipzig: Sandoz, Jobin & C., 1906).
21, 22: (em E. Jaques-Dalcroze, *Ritmo-musica-educazione*, Milano: Hoepli, 1925).
23: (em R.C. Beacham, Appia, Jaques-Dalcroze, and Hellerau. Part Two: "Poetry in Motion", *New Theatre Quaterly*, n. 3, august 1985).
29: (em R. von Laban, *Choreographie*, Jena: Diederichs, 1926).
33: (em W. Suhr, *Der kunstlerische Tanz*, Leipzig, Siegels, s.d.).
34: (em R. von Laban, *Des Kindes Gimnastik und Tanz*, Oldenburg: Stalling, 1926).
39-41, 43, 44, 46, 47, 49, 50, 51: (em *Weimarer Republik* [catálogo da mostra], organizada por Kunstamt Kreuzberg und Institut für Theaterwissenschaft der Universität Köln, Berlin/Hamburg: Elefanten, 1977).
42: (em *Wem gehört die Welt. Kunst und Gesellschaft in der Weimarer Republik*, Berlin: NGBK, 1977).
45: fotograma do filme *Kuhle Wampe* de Brecht, Dudow, Eisler e Ottwald (1932) (em J. Willett, *Art & Politics in the Weimar Period. The New Sobriety 1917-1933*, New York: Pantheon Books, 1978).
48: Arquivo da Akademie der Künste, DDR; 52: (em AA.VV., *Le Théâtre d'agit--prop de 1917 à 1932*, III, Lausanne: La Cité-L'Age d'Homme, 1978).
52: (em F.W. Knellessen, *Agitation auf der Bühne*, Emsdetten: Lechte, 1970).

Nota bibliográfica (2013)

Este livro, publicado na Itália em 1988 e que abriu caminho para ulteriores investigações, é composto por elaborações inéditas e reelaborações de estudos mais breves já publicados. Em particular, esses últimos envolvem "Il Teatro agitprop nella repubblica di Weimar", em A. Lacis, *Professione: Rivoluzionaria*, Milano: Feltrinelli, 1976 (aqui traduzido como "A Arma do Teatro"); "Friedrich Wolf e Béla Bálazs: tra teatro e teatro", *Quaderni di Teatro*, n. 12, 1981, aqui traduzido como "Friedrich Wolf e Béla Bálazs"; "François Delsarte o gli improbabili tragitti di un insegnamento", *Quaderni di Teatro*, n. 23, 1984, aqui traduzido como "Nota sobre François Delsarte".

As referências bibliográficas do capítulo "A Arma do Teatro" foram atualizadas em 1988 com a seguinte nota: "Após 1976, o crescente interesse em campo sociológico em geral, e no teatral, em particular, pelos fenômenos culturais subversivos e pelas experimentações criativas "de grupo", produziu outras pesquisas, estudos e tentativas de sistematização do agit-prop alemão. No entanto, nenhum destes, embora tenham com todo o mérito contribuído para o conhecimento e para a discussão dos fenômenos, introduziu elementos ou interpretações que modificaram os temas desta intervenção que reproduzo então sem modificações relevantes. Acredito, porém, que seja um dever fornecer a atualização bibliográfica essencial. Na Alemanha Oriental, Helmut Damerius (*Über zehn Meere zum Mittelpunkt der Welt. Erinnerung and die "Kolonne Links"*, Berlin: Henschelverlag, 1977), líder da Kolonne Links, repropõe a história de seu grupo em chave de epopeia. Na parte ocidental, duas grandes mostras sobre a cultura de Weimar (1977), em relação dialética entre si por conta das impostações ideológicas, apresentam uma sessão dedicada ao teatro revolucionário, reproduzida nos respectivos catálogos: *Weimarer Republik,* organizado por Kunstamt Kreuzberg und dem Institut für Theaterwissenschaft der Universität Köln, Berlin/Hamburg: Elefanten, 1977, a parte teatral, traduzida em italiano (*Teatro nella Repubblica di Weimar*, a cura de Paolo Chiarini, Roma: Oficina, 1978) insere institucionalmente o agit-prop entre os vários "gêneros" teatrais da época; e *Wem gehört die Welt. Kunst und Gesellschaft in der Weimarer Republik*, Berlin: NGBK, 1977, que exalta o valor de uso do teatro operário dentro de um panorama de cultura alternativa proletária. Na França, o CNRS dedica uma pesquisa de equipe ao teatro de agit-prop europeu (em particular da União Soviética e da Alemanha), que culmina nos quatro volumes de ensaios e documentos *Le Théâtre d'agit-prop de 1917 à 1932*, Lausanne: La cité-L'âge d'homme, 1977-1978 (sobre a Alemanha, os volumes III e IV). Na Itália foram publicados vários artigos sobre temas específicos de Eugenia Casini Ropa, que organizou também a única edição dos escritos de Béla Balász (*B. Balász, Scritti di teatro. Dall'arte del teatro alla guerriglia teatrale*, Firenze: La casa Usher, 1980) e de Fabrizio Cruciani, "Sul teatro di agitazione e propaganda", em *Biblioteca Teatrale*, n. 21/22, 1978 e "La scena di Weimar tra teatro politico e teatro di rivoluzione: prospettive e primi piani", em *Teatro nel Novecento*, Firenze: Sansoni, 1985. Posteriormente, os estudos sobre o teatro na República de Weimar incluíram o teatro de agit-prop, publicando, às vezes, textos e documentos sobre o assunto, mas sem propor novas interpretações socioteatrais importantes. Hoje é possível encontrar na internet sobretudo originais e reinterpretações de canções e textos das *Agitproptruppen*.

No que diz respeito aos capítulos em torno à nova dança alemã, de 1988 até hoje os estudos sobre a dança no início do século XX tiveram um enorme desenvolvimento em todo lugar, e seria longo demais listar uma bibliografia, que pode ser encontrada sem muita dificuldade e que nos levaria para fora do nosso campo de estudo específico. As pesquisas concentram-se sobretudo nas principais figuras artísticas da época (Émile Jaques-Dalcroze, Rudolf Laban, Mary Wigman etc.). Limitamo-nos a lembrar, como desenvolvimento da pesquisa aqui apresentada, a grande difusão internacional das teorias sobre o movimento e a dança de Rudolf Laban, com a tradução de seus textos em inúmeras línguas, os estudos biográficos sobre a sua pessoa e as práticas de "dança para todos", hoje presentes em muitos lugares. Teve uma difusão análoga a "rítmica" de Jaques-Dalcroze, hoje um pouco em segundo plano na Europa (Alfred, Berchtold, *Emile Jaques-Dalcroze et son temps*, Lausanne, L'Age d'homme, 2000). Pesquisas de caráter mais político-sociológico foram feitas sobre os controversos acontecimentos do Ausdruckstanz e da Körperkultur nos anos do III Reich (por exemplo: Lilian Karina e Marion Kant, *Tanz unterm Hakenkreuz. Eine Dokumentation*, Berlin: Henschel, 1996 e Laure Gilbert, *Danser avec le IIIe Reich. Les Danseurs modernes sous le nazisme*, Bruxelles: Editions Complexe, 2000), que apresenta uma ótima bibliografia. Somente em medida muito menor os estudiosos se dedicaram ao complexo momento inicial da nova cultura do corpo. Para um aprofundamento específico sobre as novas visões do corpo na sociedade alemã e o desenvolvimento do conceito de "comunidade" na cultura artística e civil na Alemanha, ver Inge Baxmann, *Mythos: Gemeinschaft. Körper- und Tanzkulturen in der Moderne*, München: Fink, 2000.

Também os estudos sobre François Delsarte, que em 1988 era quase esquecido na Europa, tiveram um amplo desenvolvimento com a organização de numerosos congressos internacionais e a publicação de volumes em várias línguas. Lembremos, ao menos, *Delsarte System of Oratory*, Nabu, 2010, uma coletânea completa dos principais aspectos; sobre o delsartismo americano: Nancy Lee Chalfa Ruyter, *The Cultivation of Body and Mind in Nineteenth-Century American Delsartism*, Westport, CT: Praeger, 1999; em italiano: Elena Randi, *Il magistero perduto di Delsarte, Dalla Parigi romantica alla modern dance*,

Padova: Esedra 1996; em francês: Alain Porte, *François Delsarte: Une antologie*, Paris. IPMC, 1992 e Franck Waille, *Corps, arts et spiritualité chez François Delsarte (1811-1871): Des interactions dynamiques, thèse de doctorat en histoire*, Lyon, Université Lyon 3, 2009.

Índice Onomástico

Alexander, Gertrud, 125
Allan, Maud, 46n.10, 50n.17
Appia, Adolphe, 47, 59, 60, 63, 64, 66, 69, 74, 75, 78, 156, 177
Appia, Théodore, 60n.38
Arnaud, Angélique, 98n.112, 99n.115, 107n.89
Artioli, Umberto, 69n.59, 85n.89

Bach, Rudolf, 88n.93, 94n.105
Balanche, John (pseudônimo de Craig, E.G.), 66n.52
Balázs, Béla, 27, 30-38, 93n.103, 132, 133, 152, 155, 157, 158n.93, 187, 199
Balzac, Honoré de, 98n.113
Bara, Charlotte, 14, 85n.89, 87, 88, 160, 165
Barlach, Ernst, 121
Barta, Lajos, 122
Barthel, Max, 125
Bartok, Béla, 31
Bauer, Herbert (Balázs, B.), 30
Beacham, Richard C., 59n.34, 64ns.45 e 47
Bebel, August, 113
Becher, Johannes R., 132
Beethoven, Ludwig van, 46n.10
Benjamin, Walter, 35, 143, 187

Bentivoglio, Leonetta, 76n.73, 87n.92
Berchtold, Alfred, 60n.35, 63n.43, 66n.52, 201
Bereska, Dussia, 87
Besant, Annie, 20
Bie, Oskar, 68n.57
Bierbaum, Otto J., 10, 161
Bishop, Emily, 103n.122
Bizet, Georges, 97
Blavatski, Helena Petrovna, 20
Bloch, Ernst, 63
Bode, Rudolf, 66, 67n.53, 80, 95n.108
Bogdánov, Anatoli Petróvitch, 121
Böhme, Fritz, 51, 85, 92n.100, 94n.105
Bonifas, H.C., 65
Borgese, Giuseppe Antonio, 45n.10
Borngräber, Otto, 17
Brahm, Otto, 115
Brandenburg, Hans, 23n.18, 25, 26, 61n.39, 71n.64, 72n.64, 72n.65, 76, 82, 83, 87n.92, 94
Brandl, Ernst, 90n.95
Brecht, Bertolt, 28, 138, 139, 143, 149n.74, 150, 153, 158, 187, 193
Bücher, Karl, 65
Bülow, Hans G. von, 65

Buonfino, Giancarlo, 111n.1, 113n.2, 114n.6, 124n.28, 127n.33, 133n.50, 134ns.52 e 54, 138n.56, 145n.69, 152, 157n.92

Castri, Massimo, 128n.36, 140n.59
Charcot, Jean-Martin, 45
Chiarini, Paolo, 200
Chopin, Frédéric F., 3
Claparède, Edouard, 66
Claudel, Paul, 63, 64
Copeau, Jacques, 66, 109
Coubertin, Pierre de, 42n.5
Cousin, Victor, 98n.113
Couvreux, Emmanuel, 66n.52
Craig, Edward Gordon, 63,66
Cruciani, Fabrizio, 50n.18, 66n.52, 200

Damerius, Helmut, 200
Darwin, Charles, 102
Deák, Frantisek, 130n.43
Delacroix, Eugène, 97
Delaumosne, abade, 101n.116, 107n.121
Delsarte, François C., 23, 47, 48, 54, 56, 69, 71, 74, 95-110
Diághilev, Serguêi, 63, 67
Dohrn, Harald, 60n.36
Dohrn, Wolf, 59, 60, 65
Dostoiévski, Fiódor, 115
Dullin, Charles, 109
Dumas, Alexandre, 97
Duncan, Elisabeth, 56, 80
Duncan, Isadora, 11, 19, 21, 46n.10, 49, 108
Duprés, Giudice, 97
Duse, Eleonora, 7, 9
Dutoit-Carlier, Claire-Lise, 58ns.29 e 32

Eisler, Hanns, 143
Emmel, Felix, 85n.89
Engel, Johann Jakob, 101

Fähnders, Walter, 121ns.17, 18 e 19
Falke, irmãs (Gertrud e Ursula), 87
Feisst, Herta, 167
Feudel, Elfriede, 67n.54, 92n.100
Fidus (Hoeppner Hugo), 20
Fielitz, Joseph von, 123
Flach, Jakob, 17
Freud, Sigmund, 11, 45
Freund, Liesel, 93n.102

Friedeberg, Raphael, 20
Fröbel, Friedrich W.A., 44n.6
Frölich, Arthur, 133
Fromm, Erich, 19
Fuchs, Georg, 7, 8, 13, 47, 69, 70, 74, 75, 78, 156
Fuller, Loïe, 49, 50n.17

Gallas, Helga, 149n.72
Gallini, Clara, 4n.1
Garaudy, Roger, 76n.73
Gasbarra, Felix, 127, 132
Gautier, Théophile, 97
Geller, Oskar, 7
Geraldy, Marie, 107n.121
Gert, Valeska, 87
Giertz, Gernot, 59n.34, 60n.36, 64ns.45 e 46
Giese, Fritz, 64n.87
Giraudet, Alfred, 101n.116
Gisselbrecht, André, 111n.1
Gleissner, Martin, 186
Gluck, Christoph W. von, 58, 64, 178
Goethe, Wolfgang, 58, 60, 65
Granville-Barker, Harley, 63
Green, Martin, 23, 74n.67
Grétry, André-Modeste, 58
Gropius, Walter, 133
Gross, Otto, 20
Grotowski, Jerzy, 109
Günther, Dorothee, 94n.105, 95n.108
Gurdjieff, George J., 81

Hackmann, Hans, 81n.80
Hauptmann, Gerhart, 115
Hegel, Georg W.F., 11
Hegesa, Gret, 88
Herbart, Johann F., 44n.6, 99n.113
Herder, Johann G., 65n.50
Hermann, Anna, 169
Hesse, Hermann, 19
Hilker, Franz, 83n.84
Hindenburg, Paul, L. von, 151
Hitler, Adolf, 154
Hoffmann, Ludwig, 111n.1, 116, 119, 128n.36, 134n.53, 156n.89
Hoffmann-Ostwald, Daniel, 111n.1, 128n.36, 134n.53, 157n.89
Hofmann, Ida, 20, 26

ÍNDICE ONOMÁSTICO

Ibsen, Henrik, 115
Impekoven, Niddy, 87, 88
Ingham, Ethel, 62n.41
Ingham, Percy, 62n.41, 63
Innes, Christopher D., 111n.1, 128n.36, 134n.53, 139

Jaques-Dalcroze, Émile, 13, 21, 55n.23, 56-67, 69, 77-81, 100n.2, 170-172, 175, 180, 201
Jeanneret, Albert, 60n.88
Jessner, Leopold, 63, 144
Jhering, Herbert, 38, 152n.32, 158n.93
Jooss, Kurt, 77, 87, 88n.93, 95n.108
Jung, Carl G., 11, 19
Junk, Viktor, 92n.101

Kaiser, Georg, 121
Kallmeyer, Hade, 53, 55, 56
Kändler, Klaus, 125n.29, 128n.36, 134n.53, 148n.71, 149n.73, 157n.89
Keller, Gottfried, 65n.50
Kérenyi, Károly, 65n.50
Kerr, Alfred, 7, 9
Keržencev, Platon Michajlovič, 121
Keyserlinck, E. von, 9
Kirby, E.T., 110n.125
Klamt, Jutta, 95n.108
Kleist, Heinrich von, 65n.50
Knellessen, Friedrich W., 122n.21, 129n.41, 131n.45, 134n.53, 148n.71, 149n.74, 151n.80, 157n.89
Krauss, Maximilian, 7
Kreutzberg, Harald, 87
Krishnamurti, Jiddu, 19
Kurella, Alfred, 81n.80

Laban, Rudolf von (Laban de Varalja, Rudolf), 13, 17, 21-27, 56, 68-79, 84, 85, 88, 89, 90, 92n.100, 94, 95n.108, 109, 170, 171, 179-181, 183, 185, 201
Lacis, Asja, 142, 157n.92
La Fontaine, Jean de, 105
Lamartine, Alphonse M.L. de, 97
Lämmel, Rudolf, 92n.101
Landmann, Robert, 18n.15
Lask, Berta, 122, 125, 132
Lassalle, Ferdinand, 113, 123
Lawrence, David H., 19
Le Corbusier (Jeanneret-Gris, Charles-Edouard), 60n.38
Lederer, Maja, 180
Leistikov, Gertrud, 88
Leroux, Pierre, 98n.113
Lessing, Gotthold E., 65, 84
Levinson, Andrei, 67, 68n.56
Liebknecht, Karl, 118, 124, 128n.37
Liebknecht, Wilhelm, 113
Löwenfeld, Leopold, 6n.2
Lukács, Georg, 30, 31
Lunatchárski, Anatóli Vasssílievitch, 121
Luserke, Martin, 80
Luxemburgo, Rosa, 118, 124

MacKaye, Percy W., 98n.112
MacKaye, J.M. Steele, 48, 106, 107, 108, 110
Macready, William, 97
Madeleine G., 1-7, 9, 10, 13, 15, 38, 49, 70, 159, 160, 161
Maeterlinck, Maurice, 11
Magnin, Émile, 2, 3, 4, 6n.4
M'ahesa, Sent, 13-14, 87, 88, 160, 163
Malibran, Maria, 97
Mallarmé, Stéphane, 68n.57
Mantegazza, Paolo, 102n.119
Marx, Karl, 123
Martin, Karlheinz, 144
Mehring, Franz, 115, 118
Mensendieck, Bess, 44, 53-55, 168, 169
Menzler, Dora, 56n.26, 168
Milloss, Aurel M., 76n.73
Mittner, Ladislao, 118n.12
Morris, Gay, 50n.17
Morrochesi, Antonio, 101n.118
Mosse, George L., 42ns.2 e 5, 45n.8, 94n.104, 122n.23, 123n.26, 125n.30, 145n.69
Mühsam, Erich, 19, 20, 132
Müller, Hedwig, 88n.93

Nietzsche, Friedrich, 11, 31, 47, 51, 65n.50, 69, 70
Nijínski, Vaslav, 63, 67

Oedenkoven, Henry, 20, 21

Pallat, Ludwig, 83n.84
Palucca, Gret, 87, 88
Perrottet, Suzanne, 60n.38, 180, 184
Pestalozzi, Johann H., 44n.6, 99n.113

Pfützner, Klaus, 123n.25, 131
Pieck, Arthur, 132, 133, 147
Pieck, Wilhelm, 132n.47
Piderit, Theodor, 102
Piscator, Erwin, 27, 118, 119n.13, 121, 122, 127, 128-130, 133, 138, 139, 140, 141, 143, 153, 158
Pitoëff, Georges, 63

Rachel, Elisabeth Felix, 97
Raddatz, Alf, 133
Rambert, Marie (Ramberg, Myriam), 60n.38, 67n.55
Rector, Martin, 121ns.17, 18 e 19
Reiche, Anton, 195
Reinhardt, Max, 63, 121, 143
Riesterer, Peter P., 14n.11
Ropa, Leo, 6
Rossini, Gioachino, 97
Rouché, Jacques, 63
Rousseau, Jean-Jacques, 65, 156
Rubiner, Frida, 113n.3, 117n.10
Rüden, Peter von, 113n.3, 117n.10

Sacchetto, Rita, 46n.10
Sadler, M.E., 61n.39, 63n.41
Saint-Denis, Ruth, 14n.9, 46n.10, 50n.17, 108
Sanders, Irene, 46n.10
Schedler, Melchior, 143n.64
Schiller, J.C. Friedrich, 58, 65n.50, 115
Schlemmer, Oskar, 19, 85
Schopenhauer, Arthur, 11, 47, 78
Schrenck-Notzing, Albert von, 5, 8n.6
Schüller, Hermann, 121n.18
Schultze, Otto, 6
Schur, Ernst, 8, 83n.84
Schwerd, Almut, 115, 141n.60
Seidl, Arthur, 63n.43, 65n.50
Shakespeare, William, 34, 36
Shaw, Bernard, 63
Shawn, Ted, 96ns.109 e 110, 108
Simmel, Georg, 43
Sinclair, Upton, 63
Sommer, S.R., 50n.17
Sonntag, Henriette-Gertrude W., 97
Spengler, Oswald, 43
Stadler, Edmond, 59n.33
Stanislávski, Constantin Serguêievitch, 63

Stebbins, Genevieve, 48, 53, 55, 96, 108, 109, 110n.125
Stefan, Paul, 76n.72, 90n.95, 92n.99
Steiner, Rudolf, 80
Storck, Karl, 63n.42
Strzelewicz, Boleslav, 117, 118n.11
Suhr, Werner, 84, 85n.88, 87n.92, 89n.94, 92n.100, 163

Talma, François-Joseph, 101n.118
Terpis, Max, 87
Tessenow, Heinrich, 60
Thiess, Frank, 14n.9, 83n.84
Tinti, Luisa, 69n.59
Toller, Ernst, 19, 121, 123, 125, 132

Udine, Jean d', 63

Valéry, Paul, 68n.57
Vallentin, Maxim, 130, 132, 136n.55
Veidt, Hans, 197
Vogeler, Heinrich, 29
Volkonski, Serguêi, 63, 64

Wagner, Richard, 11, 47, 58, 65, 66n.52, 74, 78, 114, 156
Wandurski, Witold, 157
Wangenheim, Gustav von, 125, 151
Wangenheim, Inge von, 155
Warman, Edward B., 96n.111
Wedekind, Frank, 11
Weinert, Erich, 132
Werner, Edgard S., 107n.121
Werther, Julius von, 7, 10
Wiesenthal, irmãs (Else e Grete), 87, 88
Wigman, Mary, 14, 25, 27, 60n.38, 77, 85, 87, 88, 89, 90, 94, 95n.107, 160, 164, 179, 180, 201
Wille, Bruno, 115
Winther, Fritz H., 7n.5, 14n.11, 15n.13, 61n.39, 68n.75, 81n.80, 82, 85n.89, 166
Wolf, Friedrich, 27-30, 32-37, 122, 123, 133, 149-151, 156, 157, 158, 196

Zetkin, Clara, 118
Zimmerman, Otto, 94n.104
Zola, Émile, 115
Zorn, John W., 110n.125

ÍNDICE ONOMÁSTICO

Ibsen, Henrik, 115
Impekoven, Niddy, 87, 88
Ingham, Ethel, 62n.41
Ingham, Percy, 62n.41, 63
Innes, Christopher D., 111n.1, 128n.36, 134n.53, 139

Jaques-Dalcroze, Émile, 13, 21, 55n.23, 56-67, 69, 77-81, 100n.2, 170-172, 175, 180, 201
Jeanneret, Albert, 60n.88
Jessner, Leopold, 63, 144
Jhering, Herbert, 38, 152n.32, 158n.93
Jooss, Kurt, 77, 87, 88n.93, 95n.108
Jung, Carl G., 11, 19
Junk, Viktor, 92n.101

Kaiser, Georg, 121
Kallmeyer, Hade, 53,55, 56
Kändler, Klaus, 125n.29, 128n.36, 134n.53, 148n.71, 149n.73, 157n.89
Keller, Gottfried, 65n.50
Kérenyi, Károly, 65n.50
Kerr, Alfred, 7, 9
Keržencev, Platon Michajlovič, 121
Keyserlinck, E. von, 9
Kirby, E.T., 110n.125
Klamt, Jutta, 95n.108
Kleist, Heinrich von, 65n.50
Knellessen, Friedrich W., 122n.21, 129n.41, 131n.45, 134n.53, 148n.71, 149n.74, 151n.80, 157n.89
Krauss, Maximilian, 7
Kreutzberg, Harald, 87
Krishnamurti, Jiddu, 19
Kurella, Alfred, 81n.80

Laban, Rudolf von (Laban de Varalja, Rudolf), 13, 17, 21-27, 56, 68-79, 84, 85, 88, 89, 90, 92n.100, 94, 95n.108, 109, 170, 171, 179-181, 183, 185, 201
Lacis, Asja, 142, 157n.92
La Fontaine, Jean de, 105
Lamartine, Alphonse M.L. de, 97
Lämmel, Rudolf, 92n.101
Landmann, Robert, 18n.15
Lask, Berta, 122, 125, 132
Lassalle, Ferdinand, 113, 123
Lawrence, David H., 19
Le Corbusier (Jeanneret-Gris,
Charles-Edouard), 60n.38
Lederer, Maja, 180
Leistikov, Gertrud, 88
Leroux, Pierre, 98n.113
Lessing, Gotthold E., 65, 84
Levinson, Andrei, 67, 68n.56
Liebknecht, Karl, 118, 124, 128n.37
Liebknecht, Wilhelm, 113
Löwenfeld, Leopold, 6n.2
Lukács, Georg, 30, 31
Lunatchárski, Anatóli Vasssílievitch, 121
Luserke, Martin, 80
Luxemburgo, Rosa, 118, 124

MacKaye, Percy W., 98n.112
MacKaye, J.M. Steele, 48, 106, 107, 108, 110
Macready, William, 97
Madeleine G., 1-7, 9, 10, 13, 15, 38, 49, 70, 159, 160, 161
Maeterlinck, Maurice, 11
Magnin, Émile, 2, 3, 4, 6n.4
M'ahesa, Sent, 13-14, 87, 88, 160, 163
Malibran, Maria, 97
Mallarmé, Stéphane, 68n.57
Mantegazza, Paolo, 102n.119
Marx, Karl, 123
Martin, Karlheinz, 144
Mehring, Franz, 115, 118
Mensendieck, Bess, 44, 53-55, 168, 169
Menzler, Dora, 56n.26, 168
Milloss, Aurel M., 76n.73
Mittner, Ladislao, 118n.12
Morris, Gay, 50n.17
Morrochesi, Antonio, 101n.118
Mosse, George L., 42ns.2 e 5, 45n.8, 94n.104, 122n.23, 123n.26, 125n.30, 145n.69
Mühsam, Erich, 19, 20, 132
Müller, Hedwig, 88n.93

Nietzsche, Friedrich, 11, 31, 47, 51, 65n.50, 69, 70
Nijínski, Vaslav, 63, 67

Oedenkoven, Henry, 20, 21

Pallat, Ludwig, 83n.84
Palucca, Gret, 87, 88
Perrottet, Suzanne, 60n.38, 180, 184
Pestalozzi, Johann H., 44n.6, 99n.113

Pfützner, Klaus, 123n.25, 131
Pieck, Arthur, 132, 133, 147
Pieck, Wilhelm, 132n.47
Piderit, Theodor, 102
Piscator, Erwin, 27, 118, 119n.13, 121, 122, 127, 128-130, 133, 138, 139, 140, 141, 143, 153, 158
Pitoëff, Georges, 63

Rachel, Elisabeth Felix, 97
Raddatz, Alf, 133
Rambert, Marie (Ramberg, Myriam), 60n.38, 67n.55
Rector, Martin, 121ns.17, 18 e 19
Reiche, Anton, 195
Reinhardt, Max, 63, 121, 143
Riesterer, Peter P., 14n.11
Ropa, Leo, 6
Rossini, Gioachino, 97
Rouché, Jacques, 63
Rousseau, Jean-Jacques, 65, 156
Rubiner, Frida, 113n.3, 117n.10
Rüden, Peter von, 113n.3, 117n.10

Sacchetto, Rita, 46n.10
Sadler, M.E., 61n.39, 63n.41
Saint-Denis, Ruth, 14n.9, 46n.10, 50n.17, 108
Sanders, Irene, 46n.10
Schedler, Melchior, 143n.64
Schiller, J.C. Friedrich, 58, 65n.50, 115
Schlemmer, Oskar, 19, 85
Schopenhauer, Arthur, 11, 47, 78
Schrenck-Notzing, Albert von, 5, 8n.6
Schüller, Hermann, 121n.18
Schultze, Otto, 6
Schur, Ernst, 8, 83n.84
Schwerd, Almut, 115, 141n.60
Seidl, Arthur, 63n.43, 65n.50
Shakespeare, William, 34, 36
Shaw, Bernard, 63
Shawn, Ted, 96ns.109 e 110, 108
Simmel, Georg, 43
Sinclair, Upton, 63
Sommer, S.R., 50n.17
Sonntag, Henriette-Gertrude W., 97
Spengler, Oswald, 43
Stadler, Edmond, 59n.33
Stanislávski, Constantin Serguêievitch, 63

Stebbins, Genevieve, 48, 53, 55, 96, 108, 109, 110n.125
Stefan, Paul, 76n.72, 90n.95, 92n.99
Steiner, Rudolf, 80
Storck, Karl, 63n.42
Strzelewicz, Boleslav, 117, 118n.11
Suhr, Werner, 84, 85n.88, 87n.92, 89n.94, 92n.100, 163

Talma, François-Joseph, 101n.118
Terpis, Max, 87
Tessenow, Heinrich, 60
Thiess, Frank, 14n.9, 83n.84
Tinti, Luisa, 69n.59
Toller, Ernst, 19, 121, 123, 125, 132

Udine, Jean d', 63

Valéry, Paul, 68n.57
Vallentin, Maxim, 130, 132, 136n.55
Veidt, Hans, 197
Vogeler, Heinrich, 29
Volkonski, Serguêi, 63, 64

Wagner, Richard, 11, 47, 58, 65, 66n.52, 74, 78, 114, 156
Wandurski, Witold, 157
Wangenheim, Gustav von, 125, 151
Wangenheim, Inge von, 155
Warman, Edward B., 96n.111
Wedekind, Frank, 11
Weinert, Erich, 132
Werner, Edgard S., 107n.121
Werther, Julius von, 7, 10
Wiesenthal, irmãs (Else e Grete), 87, 88
Wigman, Mary, 14, 25, 27, 60n.38, 77, 85, 87, 88, 89, 90, 94, 95n.107, 160, 164, 179, 180, 201
Wille, Bruno, 115
Winther, Fritz H., 7n.5, 14n.11, 15n.13, 61n.39, 68n.75, 81n.80, 82, 85n.89, 166
Wolf, Friedrich, 27-30, 32-37, 122, 123, 133, 149-151, 156, 157, 158, 196

Zetkin, Clara, 118
Zimmerman, Otto, 94n.104
Zola, Émile, 115
Zorn, John W., 110n.125

A Cena Contaminada
  José Tonezzi (E291)
A Gênese da Vertigem
  Antonio Araújo (E294)
A Fragmentação da Personagem: No Texto Teatral
  Maria Lúcia Levy Candeias (E297)
Alquimistas do Palco: Os Laboratórios Teatrais na Europa
  Mirella Schino (E299)
Palavras Praticadas:O Percurso Artístico de Jerzy Grotowski, 1959-1974
  Tatiana Motta Lima (E300)
Persona Performática:
Alteridade e Experiência na Obra de Renato Cohen
  Ana Goldenstein Carvalhaes (E301)
Como Parar de Atuar
  Harold Guskin (E303)
Metalinguagem e Teatro: A Obra de Jorge Andrade
  Catarina Sant Anna (E304)

Enasios de um Percusro
  Esther Priszkulnik (E306)
Função Estética da Luz
  Roberto Gill Camargo (E307)
Poética de "Sem Lugar"
  Gisela Dória (E311)
Entre o Ator e o Performer
  Matteo Bonfitto (E316)
A Missão Italiana: Histórias de uma Geração de Diretores Italianos no Brasil
  Alessandra Vannucci (E218)
Ritmo e Dinâmica no Espetáculo Teatral)
  Jacyan Castilho (E320)
A Voz Articulada Pelo Coração
  Meran Vargens (E321)
Beckett e a Implosão da Cena
  Luiz Marfuz (E322)
Teorias da Recepção
  Claudio Cajaiba (E323)
A Dança e Agit-Prop
  Eugenia Casini Ropa (E329)
Teatro Hip-Hop
  Roberta Estrela D'Alva (E333)

Este livro foi impresso na cidade de São Paulo,
nas oficinas da Graphium Gráfica e Editora, em dezembro de 2014,
para a Editora Perspectiva